下巻 目次

本文

写真

上巻　目次

附録

凡例

●この訳本は、『回望羅山―「五七」幹部学校的記憶（外経篇）』を訳したものである。『回望羅山』という本は、二〇一九年五月七日に対外経済連絡委員会「五七」幹部学校歴史研究資料匯編として五百冊出版されたものである。編集者の代表である王耀平氏より出版の許可を頂いた。

●原本の全三十八篇のうち、版権や印刷及び紙幅の都合により四篇を削除し、三十四篇を訳出した。

●本文中の括弧は、原文にあったもので、訳注はすべて各篇の文末にした。

●人名には、傍線を引いた。「老○」「小○」も敢えて訳さず、そのままにした。

●多くの人物が出てくるが、そのほとんどが未詳である。そういう時は注を付けていない。

参考文献（主なもののみ）

● 霞山会編『現代中国用語辞典』（霞山会、一九七三年八月）
● 藤堂明保、辻康吾、曽紹徳、堀内克明編『最新中国情報辞典』（小学館、一九八五年一月）
● 天児慧、石原享一、朱建栄、辻康吾、菱田雅晴、村田雄二郎編『岩波現代中国事典』（岩波書店，一九九九年五月）
● 井波律子訳『完訳論語』（岩波書店、二〇一六年六月）
● 厳家祺・高皋著、辻康吾監訳『文化大革命十年史』上下（一九九六年十二月）
● 楊絳著、中島みどり訳『幹校六記―〃文化大革命〃下の知識人』（みすず書房、一九八五年二月）
● 陳白塵著、中島咲子訳『雲夢沢の思い出―文革下の中国知識人』（凱風社、一九九一年五月）
● 武田泰淳、竹内実著『毛沢東―その詩と人生』（文藝春秋新社、一九六五年四月）
● 賀黎・楊健采写『無罪流放　六六位知識分子五・七幹校告白』（光明日報出版社、

一九九八年九月）

●閻綱・謝永旺・蕭徳生編『中国作家協会在幹校』（作家出版社、二〇〇六年十二月）

●唐筱菊主編、陳少銘副主編『在〃五七幹校〃的日子』（中共党史出版社、二〇〇七年七月）

●郭徳宏・宋淑玉・張芸編『我与五七幹校』（人民出版社、二〇〇九年四月）

●信陽市政協学習文史資料委員会編『「五七」幹校在信陽』上下、（信陽文史資料第九輯、二〇一四年、九一五頁）

●黄季陸主編、中國國民黨中央委員會黨史編纂委員會編輯『革命人物誌』全二十三巻（中央文物供應社、一九六九年一月～八三年六月）

●高艾軍、傅民編『北京話詞典』（中華書局、二〇一三年一月）

●徐世栄編『北京土語辞典』（北京出版社、一九九〇年四月）

●中国人民解放軍総政治部編印『毛主席語録』（新華書店発行、一九六七年一月）

●インターネット：Wikipedia 及び「百度一下」（いちいち項目をあげないが、大変お世話になった）など

河南省の地図（西から信陽市、羅山県、息県などが見える）

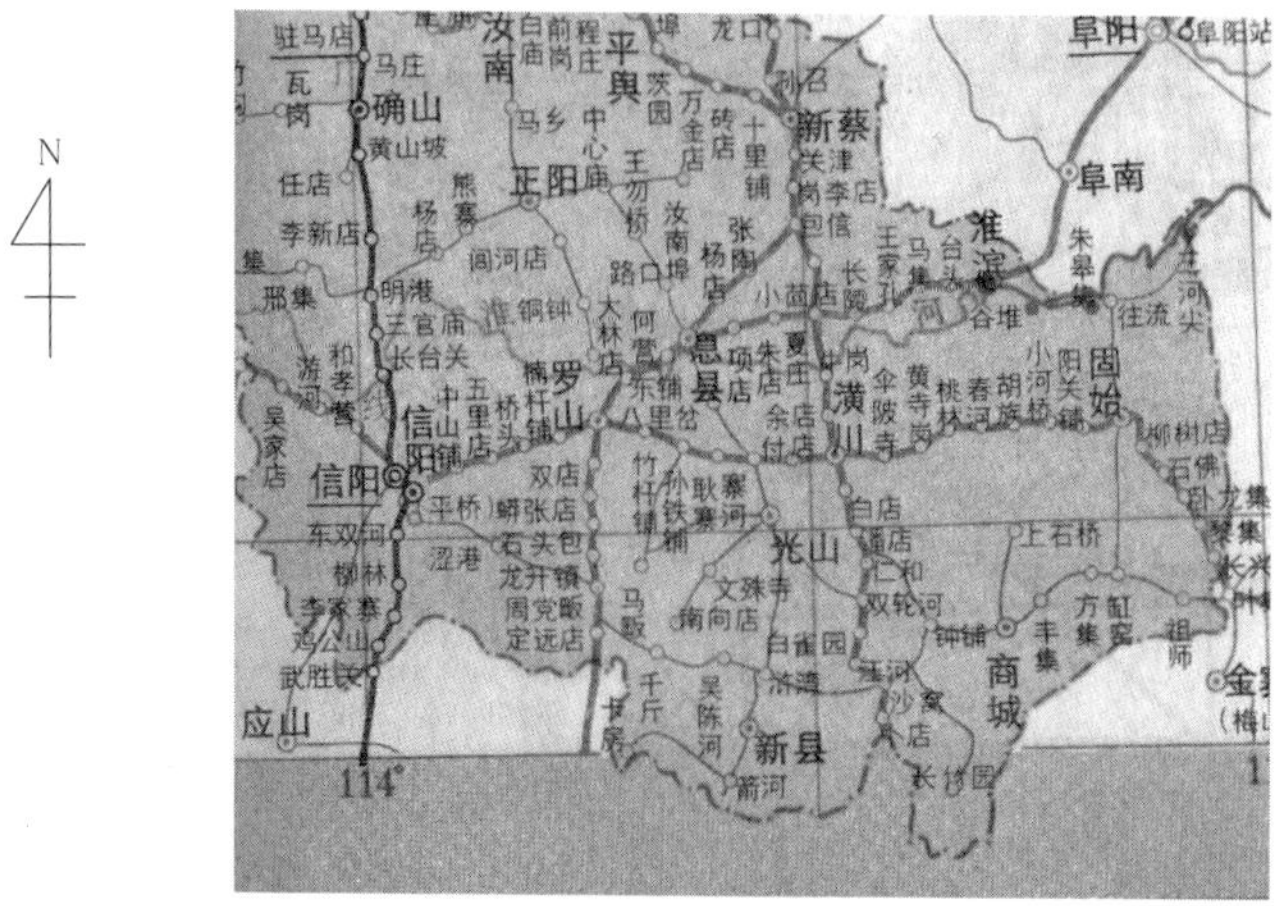

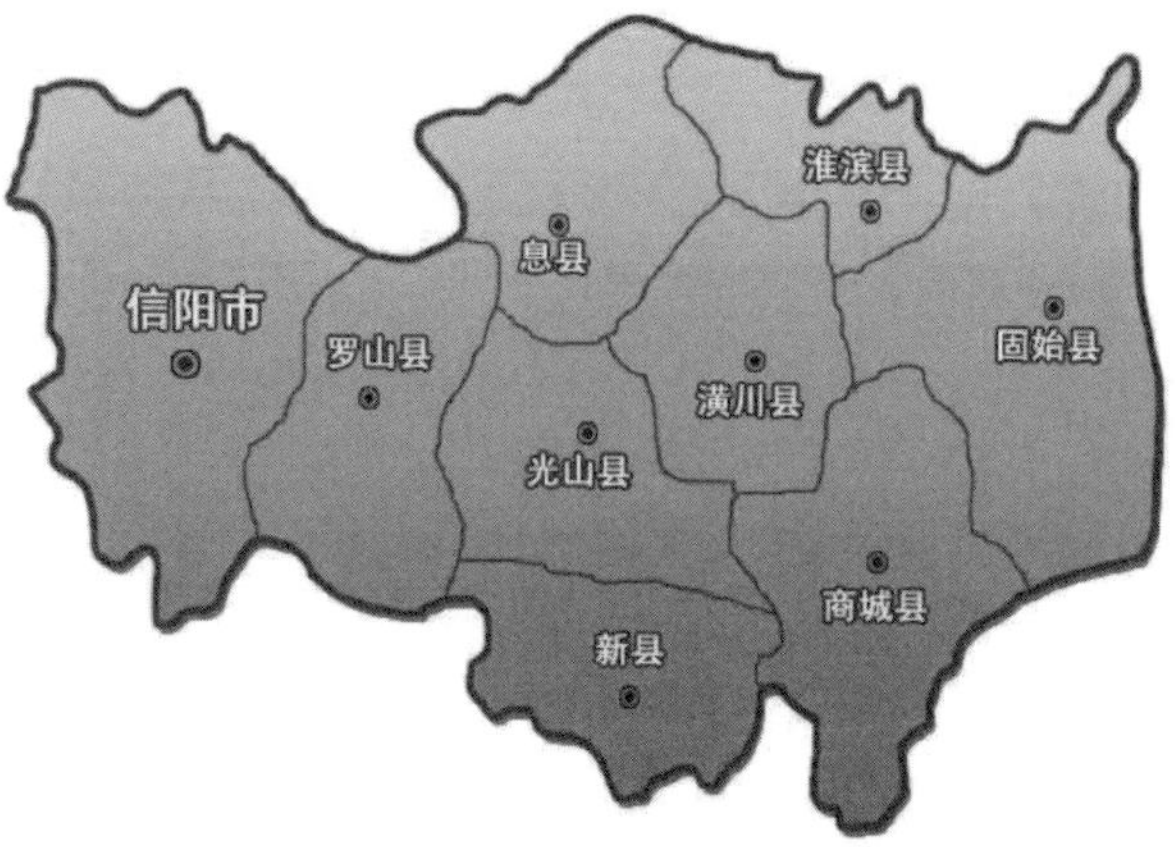

羅山外経委「五七」幹部学校 見取り図

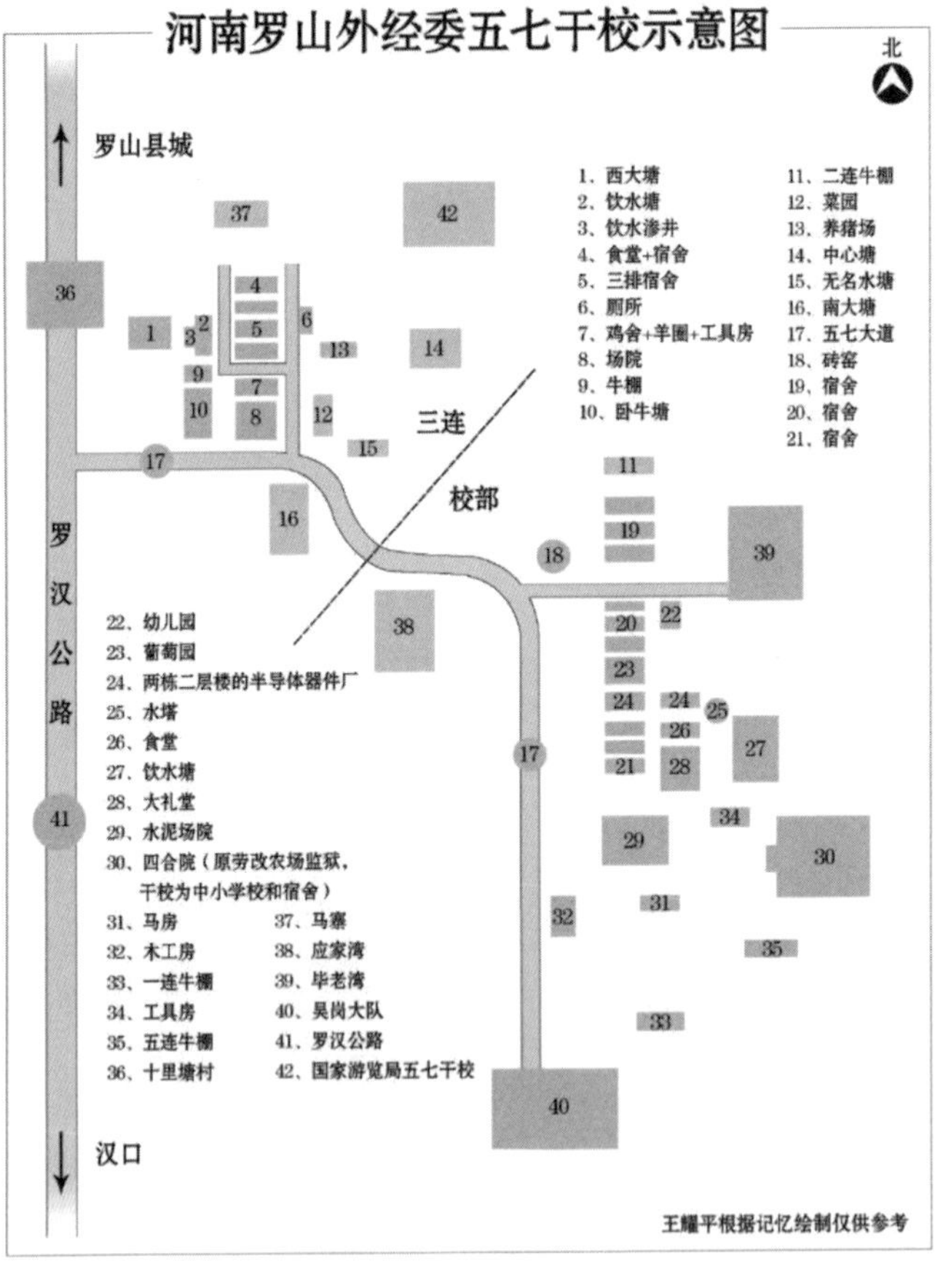

第一篇　衝突

劉承華

月日のたつのは早いもので、三十九年の時を経てまた羅山に帰ってきました。かつて思いを馳せたこの住み慣れた土地に立つと、耳元で機械のモーター音が聞こえるような気がします。今この「すっかり変わってしまった」空間では、周りの全ては、ぼうっとして馴染みがないものになってしまいました。記憶の交差点で一瞬立ち止まり、それから大急ぎで探し求め、通り抜け、そのうちすべてが次第にはっきりとしてきました。庭にあった往年の建物の多くは無くなってしまいましたが、西向きの、苔のまだら模様の残る赤レンガの小ぶりの建物（もとは女子作業員の寮であった）だけは世の中が転変する中、まるで故人が訪れるのを待っているかのように頑固に粘り強く、その場を見守っています。四方を見渡してみると、四年間過ごした作業場の影は見えず、代わりに周囲には新しく建てられたばかりでまだ使用されていない数棟の建物があるだけでした。そのため私がこの度の旅に掛けていた過分の望みは絶たれてしまいました。

シトシト降る雨粒は頬をかすめ、そのよく馴染んだしめやかさでさえ心の憂鬱をおさえることができません。小雨のピシャピシャいう音の中、私は一心にかつて失った記憶を追い求めています。この雨のように、一粒一粒こぼれ落ちては、また一粒ずつ連なってきました。

当時、工場の門の外は広い水田で、あぜ道とあぜ道があい連なっていました。初春には、あらわになった地面が紫色の幻想的な衣装をまといました。それは「レンゲソウ」という草花で、素朴でまっすぐの茎をもち、淡く雅やかな紫色の花びらが北国の江南を染め上げていました。不思議なことにこのような情景は何年たってからも夢の中に出てくるのです。私は、それは青春の色彩だと思います。活発で、開放的で、出し惜しみすることなく現れ出て来ます。この「レンゲソウ」の真の役割は、鑑賞用や蜜を採取するためだけではなく､質のよい緑肥として土地を肥沃にすることなのです。無情な鋤が田畑の胸をえぐると、花々は散り散りに落ちて泥となり、その魂は春の畑の涅槃と化し、収穫の時期に新しい命として生まれ変わるのです。これぞ正に花の輪廻です。人と花は何と似ていることでしょう。理想、事業、人のために自らの青春と命を犠牲にして精神的に永遠に生き続ける人々、彼らこそ過去であれ現在であれ最も尊い人生の価値を体現したのではないでしょうか！

七〇年代初期、首都、都市、国家機関から中原の農村の地にやって来た北京の人々がいました。毛沢東主席の「五七」指示に従い、勇猛果敢に「五七」幹部学校を建設するという実際行動をしました。それから逃避できない時代であり、さらに逃避する人間は誰もいない時代でもありました。その時私がやって来た「五七」工場は、正に対外経済連絡委員会の幹部学校が羅山県に設立した第一号の付属工場でした。作られていた製品から土地の人はその工場を「丸釘工場」と呼んでいました。この場所は羅山の町の一角です。余湾生産隊の田畑の中にある重工業企業は、村の静けさを破壊しました。それはまた私が一生忘れることのない「羅山での歳月」を共に過ごした場所でもありました。

丸釘工場の従業員数は全員で百十人に満たず、従業員の出所は大きく以下の三つに分かれていました。対外経済連絡委員会の下放された幹部、役所幹部の子女や親類、そして現地で集めた下放知識青年です。生産された製品も三つの種類に分かれていました。丸釘、亜鉛メッキワイヤー、そして黒鉄ワイヤーです。工場の技術力は当地では一流でした。なぜなら当時、対外援助任務の需要が高まり、外経部にはかなりの専門家（全国の大企業から選りすぐりのエンジニアや一流の技術者）たちがいました。彼らは工場建設中から大いに腕をふるい、建設後は対外援助製品の開発や生産に有力な技術援助を行ないました。そのほかにも、中央の役所という特に恵まれた条件によって、工場の旋盤、金属の接合、フライス盤、かんな等の設備は当時の最先端のものでした。ただ、唯一の例外は私のいた「抜絲作業場」[1]でした。ここで言う「抜絲」とは料理で用いる「抜絲」のように軽いものではなく、実際には低炭素鋼を材料とするコイルを冷却して伸ばし、私たちが馴染んでいるワイヤーにする工程です。工場建設時には完全なワイヤー設備が買えなかったので、ある倉庫から使えそうもない古びた設備を探し出し、技術者たちの「回天の手腕」の下、「クズ鉄」に新しい命を吹き込み、なんと合格品を作ることができるようになったのです。しかしこれらつぎはぎだらけの設備には先天的な不備があり、機械の宿痾と暴虐がワイヤー作業場の生産の序幕を引き開けたのです。

新しく工場に来た従業員は、ワイヤー工場から仕事を始めるというのが、工場の規定でした。技術員と幹部は、ワイヤー作業場で定期的に労働訓練を受けるというのが制度として確立していました。ここの条件がとても過酷で、ここでの労働が厳しかったからです。作業場は騒音と粉塵という二つの悪条件に加え、生産事故が頻繁に起こる現場で、生産事故は三番目の殺し屋と呼ばれていました。

まず騒音の原因。二組の四連ワイヤー機の変速歯車と伝動軸の回転振動が共振することから発生し、騒音防御のない状況の下、音が極度まで増幅されました。ヘリコプターと同じくらいのプロペラを持つ高性能の換気扇から出る渦状の振動音が、作業場のもとからあった周波数を爆発的に上昇させました。同じように作業場にある二台の高速制釘機のカッターの切断音が規則的で、大きな音を立てていました。つや出しの円筒は数万の釘が互いにぶつかりあって出すリズミカルな音を響かせていました。鉄の部品が響きあう不協和音が、耳の鼓膜に絶え間なく響き渡る騒音となったのです。

粉塵はワイヤー作業場の副産物でした。冷却ワイヤーはまず、コイルの表面についた鉄サビと酸化した部分を取り除くのですが、これらの鉄屑が工場内のいたるところで剥がれ落ちます。またワイヤーが金型を順調に通りぬけ、黒くつややかなものになるために、大量の潤滑剤を使います。潤滑剤は石灰やラード、それに石鹸を煎って作ります。吸い込めるほど細かい顆粒は換気扇によって作業場の空気中に漂います。特に夏の高温のもとでは、従業員たちは防護マスクをして息ができなくなるよりも粉塵を吸う方がましだと感じていました。ともあれ当時二十歳前後の若い私たちにとって、作業場のこのような環境はもう当たり前のことになっていました。もしこの時、騒音や粉塵が健康に与える害により、職場環境を改善しないといけないとか、従業員の合法的な権益を守らなければならない、などという人がいたならば、それは時節に合わない環境の中で理想を語っているとみなされたでしょう。また多くの人から嘲笑され、プチブル思想にとらわれていると言われ、ひどい場合には「革命と生産促進への破壊分子」、「社会主義の隅っこを掘り返した」などというレッテルをかぶせられたかもしれないと言っても過言ではないでしょう。ですから騒音や粉塵というものは私たちからするとただの形のない殺人であり、直接見えたり、触れたりすることのできる傷害を作り出すものではなかったので、ただ黙って受け入れることしかできず、これが受け入れやすい現実だったのでした。

また作業場では三番目の殺し屋である「労働災害」の事故がたびたび発生し、機械を初めて操る若者たちは、鋼鉄の野獣の冷酷無情さを知ったのでした。

ワイヤー作業場勤務になった「劉先生」のことを今でも忘れられません。劉先生は元々、役所から工場に下放した幹部であり、また「文革」中の大学卒業生です。それで、工場部からの招聘で私たちのところに来て、知識が乏しいにもかかわらず「知識青年」と呼ばれていた私たち新米の工員たちに教養の授業をしていたことから「劉先生」と呼ばれていました。劉先生は教養や技術理論に優れているだけでなく、生産作業においても中心的な存在でした。この日、劉先生はいつもと同じように作業場の除去機の前で、工場の第一工程であるワイヤーコイルの酸化層を取り除き、次の工程に進む準備作業に集中していました。しかし作業が始まってすぐに事件は起きました。一束のコイルがパレット[2]の上でこま結びになり、もともと回るはずのパレットがまっすぐに引っ張られたのです。規則によれば器械を止めて処理する場合でしたが、熟練した労働者は自分の力を信じて、壁に貼られた埃だらけの安全生産規定などには従いません。まして生産任務を完成するには一分一秒を争うものですから、器械が動いたまま危険な処理をするのは日常茶飯事だったのです。劉先生はこの時、全速力でパレットの方に向かっていきました。自分の経験からすぐに故障を解決できると思っていましたが、不意の事故が起こりました。結び目のできたコイルが器械の動きによって、自身の弾力でパレットから飛び出し、その中で最も危険性の高い輪が一つすっぽりと先生の首にはまり、器械の引きにしたがって途絶えることなく収縮したのです。この時器械の周辺には誰もおらず、自分の力だけで抜け切ろうと懸命に努力しましたが無駄でした。そこで直ちに器械を止めようとしましたが、その時彼はスイッチに背を向けていました。危機一髪の時に、劉先生は冷静果断に左手を後ろに伸ばしてスイッチを探り、土壇場で正確に触ることができました。器械は大きな音をあげてパタッと止まったのでした。未遂に終わったとはいえハラハラする恐ろしい事故でした。作業場の他の従業員が急を聞いて駆け付けた時には、すんでのことで死傷事故となる事故も幸いにも何事もなかったかのようでしたが、この事故は人々の心に後々まで残る恐怖心を植え付けました。

　この事故から一か月たったころ、作業場の重苦しい雰囲気はだんだんと穏やかになり、生産も回復して「常態」に戻りました。そんな時、また事故が起こったのです。当事者の苗字は常と言い、同じように下放された幹部で、四十歳前後、作業場に入ったのが早かったので、私たちは彼のことを「常師匠」と呼んでいました。私たち二十歳くらいの若者の前で彼はいつも意識してかどうか、古参風を吹かせて技術の上で難度が高い操作を好んでやって、師匠と弟子の区別をつけたがっていました。しかしこういう態度は往々にして操作規則違反という代価につながるものです。例えば「運転中のチェーン掛け」という動作は、ワイヤー缶が快速で運転している時にストップがかからない状態で針金の先に止められているフックを、素早くしっかりと鉄缶の穴に引っ掛け、そうしてワイヤーの端を取り出さねばならないのです。この仕事は、抜け目なく手早く、動作が正確で連続していて、一気呵成にやらなければなりません。この日、常師匠は横式の缶で「絶妙の動作」を披露していましたが、いつものように幸運ではなかったようです。彼は鉄の缶の空洞に向けて正確にチェーンのフックをかけたのですが、それと同時に手袋もしっかりと引っ掛けてしまったのです。この時、器械の強大な力が彼を思い切り空中に持ち上げました。幸いにも手袋がその時脱げたので、彼は振り上げられてからセメントの地面に投げ出されて、すぐに意識を失いました。常師匠は作業場の若者たちによって作業場から担ぎ出され、そのまま前庭の医務室に運ばれました。偶然にも常師匠の幼い娘さんが庭で遊んでいて、両目を閉じたまま担ぎ出される父親を見て、お父さんはすでに死神に命を奪われたと思ったのでしょう、彼女はすべてを放り出して走り出し、大声で泣きながら家に帰ってお母さんを呼びました。常師匠の奥さんはその時病気で高熱を出して家で寝ていたのですが、知らせを聞いてよろめきながら家から出てきました。幸いにもこの時には常師匠は意識を取り戻し、前歯を損傷した以外は、大した怪我はなく、みんなはやっと胸をなでおろしました。その後、責任者だった常師匠は操作規則に違反したので、名指しで批判されるのを免れませんでした。教訓を通じて作業場の工員はみな、これを戒めとしたのです。

ワイヤー作業場は若い人が集中していた現場でした。いわゆる生まれたばかりの子牛は虎をも恐れないという奴で若気の至りに加え、あの時代「一に苦しみを恐れず、二に死も顧みず」という精神をたたきこまれていたので、対外援助の生産任務の重圧に従って、生産量を第一にして、安全生産を頭の後ろに置く考えが頭をもたげました。何度かの事故の隠れた危険は確かに私たちに大きな警鐘を鳴らしたものの、作業場で起こる小さな事故はいつも影のように私たちみんなに付きまとっていました。作業場の安全装置のない、古くてやたら大きなワイヤー器械に立ち向かうと、生産において無くてはならない二重の保護は簡略化され、最後の防御線は人しかなく、操作する人員の自己防衛が何よりも重要になったのです。前に起きたいくつかの事故は、びっくりしたものの危険性はなかったので、生産中の麻痺したいいかげんな考え方を抑制することはできなかったのです。そして引き続きまた重大な事故が起こりました。その事故は私たちワイヤー作業場及び工場全体の職員に大きな痛みを残し、被害者の人生に永遠に暗い影を落としました。今回の事故は、羅山の地元の年若い女工である詹の身に起こりました。それはワイヤー作業場の人たちが「缶の上」と呼んでいる傷害事故で、ワイヤー機械の側で操作している時、一瞬の不注意でからまった鉄のワイヤーに体の一部が挟まれ、高速運転中のワイヤー缶の上に引っ張られて起こる人身事故のことです。私たちの作業場では四連式ワイヤー機の缶と缶の間が狭く、器械の四隅に「龍門」と呼ばれる金属製の柱があり、もし人が機械によって缶の上に無理に引っぱられたら、軽くても頭から血を流し、重ければ命にかかわる怪我をしてしまいます。詹は作業中に不注意で高速でからんだワイヤーに指を挟まれ、体ごと作業台の上に引っ張られてしまいました。幸いにもすぐに発見されたのですが、さもなければ想像もしたくない事態になったことでしょう。数秒間のことでしたが、詹は助け出された時には頭、首、指などにもう傷を負い、血が止まりませんでした。怪我の状況は深刻で予断を許さず、工場のリーダーはすぐに人と車を手配して彼女を信陽病院に直接運びました。一件の労災は工場の全従業員の心を一つに動かし、みんな大病院の医療技術が最大限に発揮され患者を救うことを願いましたが、奇跡は起こらず、待っていた結果は、左手の指全部の切断で接合の方法がないという診断でした。傷の痛みは徐々に回復するでしょうが、精神的な痛みは恐らく一生彼女につきまとうことでしょう。またもともと不遇な人生が更にきびしいものになるかもしれません。このことがあってから、工場のリーダーはついに安全生産の重要性を認識し、技術者を集めて意見を聞き、方策を練り、最終的にワイヤー器械に技術的な改造を施し、機械に安全ガード（ガードスイッチ）を設置したのです。危険な状況下、操作をする人間は器械に近寄る可能性があるので、体のどこかの部分が安全ガードに触れると器械はすぐに停止するようになりました。事後の手立てと言えども、最大限に隠れた危険を取り除くことができました。簡単な発明やちょっとした革新が、ワイヤー作業場の安全生産を受け身から主動的なものに変えたのです。この技術は数年後も依然として素晴らしい効果を発揮しました。そのほか、工場指導部が安全性を重視したことや作業場の従業員の安全生産意識の高まりが労災の再度の発生を防止し、ワイヤー作業場の「器械があれば不断に事故になる」という呪縛を解いたのです。

生産の実践の中、私たちは肉体と鋼鉄の衝突によって自身を拷問し、思考することを覚え、情熱の中に冷静を沈殿させて、挫折後一歩一歩成熟していったのです。私たちが実際に経験した話はまるで昨日起こったような気がします。数十年がたち、私たち無知な青年も「耳順の歳」[3]となり、あの時代もだんだんと遠くなってしまいました。社会科学が進歩した現在、人類の発展はあの時代と一律には論じられなくなりました。しかし私は依然としてこう思うのです。魂を賦与された故郷において、私たちはあの年代に持つべきだったロマンチックな経験もなく、寄るべき安楽なふるさともなく、血を流しまた涙を流した。けれども私たちは幸いにも人生の早い時期に、求めても手に入らない財産を手に入れたのだ、と。もしあの時私たちを成長させた経験と、思想上の強烈な衝突がなければ、今も心の中に残るあの美しい記憶はなかったでしょう。心の中には一抹の遺憾はあるものの、私たちは過去に留まらず、過去を忘れる理由もありません。あそこには私たちが成長した足跡と終わりのない続きが刻まれ、歴史は忠実に心の目標のためにゴールに突き進む人にバトンを手渡しているのです。

劉承華（りゅう・しょうか）：一九五一年生まれ。一九七一年二月、羅山県郊外の人民公社の生産隊に入る。一九七一年六月から一九七四年九月まで外経部羅山の「五七」工場の仕事に従事。商務部国際貿易経済合作研究所で定年を迎える。

1 「抜絲作業場」とは、金属をワイヤーに伸ばす作業場のこと。線に伸ばすことを中国語では「抜絲」というので、料理に使う用語の「抜絲（＝糸を引くこと）」と掛けて使用している。

2 「パレット」とは、（フォークリフトなどで）貨物を格納・運搬するための荷台。

3 「六十而耳順（ろくじゅうにしてみみしたがう）」は『論語』「為政篇」の言葉。「耳順（じじゅん）」は、六十歳を言う。

第二篇　工場の食堂の思い出

劉承華

年を取れば取るほど、人生を振り返るのが楽しみとなってきました。私はいつもこう思うのです。いつの日か、記憶が曖昧模糊としてきちんと思い出されなくなり、正常に思い出されなくなったとしても、歳月の破片は依然として脳の中に点々とちりばめられ、ある時は雲のように集まり、またある時は雨のように流れ出るのではないでしょうか。一九七一年六月、私は河南省羅山県の外経部幹部学校である「五七」工場に来て、「五七」工場の学員となりました。その時私は二十歳でした。

工場に入った時、私はワイヤー作業場の学徒工員として配属されました。その一年後、工場側は食堂で人手が足りなくなったので私を食堂の管理員として配属しました。それは一に食堂の力を強力にし、二に後方勤務を補充することで、生産がよりうまくいくようにすることでした。その頃、工場の食堂には専業の炊事職員の組織はなく、主な人員は料理のできる幹部と幹部の家族により構成されていて、代わる代わる職場に来ていました。正に「鉄のごとき強固な軍営、流れる水のごとき兵隊」[1]といった具合です。炊事職員はどんどん変わり、食堂の班長は平均して二か月に一回異動があるので、作業の一貫性に大きく影響が出ました。私たちの工場の幹部労働者は全部で百人あまりいたのですが、北京から来た「下放」幹部であれ、現地で募集した知識青年であれ、みな「五七」幹部学校で訓練されたので、学歴、階級、出身に関係なく平等に「五七」幹部学校の学員と呼ばれていました。

工場では三つの班に分かれて作業をしており、食堂では毎日四回食事を作るので、仕事も大変なものでした。「民は食を以て天と為す」[2]と言うように、食堂が機能しなければ指導者の顔色が悪くなり、従業員の不満もたまるので、工場の指導者たちも食堂の重要性を意識し始めました。しかし本工場から食堂の班長を選ぼうとすると、適任者は誰もいませんでした。俗に言う、「遠くから来た坊主はお経が読める」[3]というわけです。工場の責任者は人材を切に求め、上級機関に幹部学校で適任の人材を探すよう申し入れました。学校は人材が豊富で、適任者はすぐに見つかりました。努力すれば、志ある人を裏切らないとはよく言ったもので、本人も幹部学校の責任者も同意した人材が見つかりました。

新しく食堂の班長になったのは羅という苗字の人で、私たちより十数歳上だったので私たちは彼を「老羅」と呼びました。老羅は四川の出身で、頭が切れ、実直で、仕事もきびきびしていて、何よりも料理の腕前が優れた得難い人材でした。彼のように班長でありながら厨房にも立つ人は、私たちの食堂の歴史においてもまれで、老羅のグループにいた時に私は多くのことを学びましたが、このことは四十年後の今でも大いに役に立っています。

食堂の管理員の仕事は、簡単に言うと野菜カゴを両側に掛けた古びた自転車に乗り、県や町中を走り回る食堂の買い物係でした。この仕事は晴れた日には汗をかき、雨の日は全身泥だらけになる苦しい仕事でした。羅山は雨が多く、雨の時にはいつも道路に分厚い泥のかたまりができるので、それを「セメント道」と呼んでいました。羅山の夏は暑く、気温は四十度を超えるので熱中症で亡くなる人もたびたびいました。老羅は赴任してから自ら鍋をふるって食事を作り、従業員の仕事の配置もしていました。私の仕事はわりと特殊で、老羅が毎日私にメニューを見せ、私がそれに従って買い物をするほか、工場の全従業員が決まった時間に湯冷ましを飲むのをチェックしていました。私は朝十時ごろ市場から帰るなり工場の厨房に立ちました。その外、食堂では二匹の豚を飼っていました。この豚は年末の食を改善するために飼っていたので、毎日餌を作って与えるのは私の仕事の一つでした。ですから私は六時には羅山の市場に出かけて、流れに従って東から西まで人混みをかき分け、物売りの屋台に値段を聞き、端まで歩くと折り返し、記憶にある一番安くて新鮮な野菜を買い求めました。値切り倒して交渉が成立すると金を渡して自転車に食材を積み、来た道を戻って来ました。食堂は早番と遅番の従業員が交代で休みをとっていましたので、日中の人手が少ない時、自分の仕事が終わった後は厨房に行って手伝いをしていました。

午前十時は食堂が一番忙しく、にぎやかな時間帯でもありました。老羅は料理をしながら彼の「羅氏のメニュー」を他の人に自慢していました。ただ「賢い嫁でも米がなくてはごはんは炊けず」というわけで、魚も肉もない小さな食堂では老羅が腕をふる場がなく、「机上の空論」となってしまいます。しかし当時、一番料理が上手だったのは老羅だったので、安物の米でも彼の腕にかかれば香りよく、しなやかでもちもちとしたおいしい飯となり、普通の野菜でも彼が炒めるとおいしいにおいが漂う素晴らしい料理に早変わりしたのです。しかし食費の不足により、料理にも自然と制約が加えられました。

当時、工場の食堂はまかない制、つまりみんな一律の食費を支払い、みな同じメニューを食べていたのです。この長所は作る側が管理しやすく、料理の時間や労力に無駄が出にくかったことです。しかし短所はみんなのそれぞれの要求を聞くことができなかったことにあります。大鍋で炊いた飯にはいつも矛盾が出るものです。野菜料理については一人お玉に一勺、千勺一律で問題はなかったのですが、料理に肉が入るとそういうわけにはいかず、盛るときに物理的な反応が起こります。例えばお玉で平均的に盛ろうとしても、ある人のお椀には五、六片も肉が入っても、ある人のお椀には一、二片しか入らないこともあります。このことが血気盛んな若者にぶつかると、ひょっとするとみんなの前で皿をひっくり返したり、茶碗を割ったりすることになりかねません。ひどいときにはあなたの鼻を指さして理屈をこね、最終的にはあなたに「えこひいきをする」というレッテルをつけ、あなたに言い訳をする暇もなくさせます。毎回このような事が起こると、老羅が出てきてとりなしをしてことを納めるのですが、まあ幾切れかの肉を補足することになります。こうしてこの場はおさまるのですが、争いの根っこは残っています。とどのつまり、物資が不足していたあの時代に「先を争って飲み食いした」わけは、すべて食料不足から起こったことなのです。老羅は食堂で起こったことはどんなに小さなことでもしっかり心にとどめ、食事が悪いのは自分の責任だと感じていました。彼も作業場の労働者がきつい労働をしているのを見ていました。「三シフト制」で休息が少なく、高温のせいで睡眠が十分とれなかったり、蚊に刺されてマラリアにかかり、急に寒くなったり熱くなったりして高熱が続く者もいました。仕事のどんなつまらないことも、老羅は見たことをすべて心にとどめました。実家から遠く離れた学員にとって工場は我が家同然なので、集団にも人のぬくもりが必要だと考えました。自分の努力を通してみんなの食事をできる限り改善したいと思っていました。

その後、老羅は工場長の同意と幹部学校との関係を通じて、掛買いで何匹かの豚を調達し、油も二缶手に入れ、私たちの食堂は一気に潤いました。幹部学校が調達してきた豚が安かったのは、当時養豚場で「口蹄疫」が流行り、豚をまとめて処理した結果、「老いて病気」の豚がその中に入っていたことによるものでした。私たちの食堂ではもともと作業場が豚を順番に屠殺していました。私が食堂に来てから、屠殺は自然と私がやることになりました。覚えているのは、百斤にも満たない痩せた豚を殺した時のことです。腹を切り裂くと、豚の腹（胃）に黒い寄生虫がついていました。食べるべきか否か、半日考えた結果、安全のためにやはり処分しました。また見た目では太っていると思っていたのに、殺してからわかりましたが、これはサナダムシ病の「米猪」[4]ということがわかりました。病気の感染を防ぐため、私たちはその肉を焼いてから地中深く埋めました。また一匹の年老いたメス豚の肉はうまくなかったので肉の脂身を油にして、肉は処理しました。最終的に太った三匹の豚が完全な状態で残されました。肉をどうやって保存するのか、という難題がまた残されてしまいましたが、さすがは老羅です。彼は私たちに食堂の外にある空き地で大鍋一杯の熱湯を沸かさせ、豚の後ろ足に刃物で穴を空け、そこに管を通し、木の棒でたたきながら豚の体の中に息を吹き込むと、豚はまんまるくなりました。豚の四本の足を木の太い棒にくくりつけ、熱湯の入った大鍋の上まで担いで行きます。こうすれば簡単に毛を処理することができます。これは羅山当地のやり方とは大いに違っていました。羅山で豚を殺す時は直接皮をはがしていました。老羅がどこでこんなやり方を学んできたのかわかりませんが、このやり方はその場にいた私たちにとっては新鮮でした。それから老羅は豚肉を大きな塊に分けると、残った部分の新鮮な肉以外の、その他の肉に山椒と塩を塗り込ませ、それから力を込めてもみ、十分になじませました。そして空の宿舎をしっかり掃除してきれいにして、壁に張り巡らせた針金に塩漬けにした肉を垂直に引っ掛けさせました。これでベーコンを作る過程はすべて終了です。老羅はコノテガシワの木で燻せばもっと味がよくなるのだがなぁと言っていました。

後に私たちの食堂のベーコンは味がいいだけではなく、保存しやすいということが私にはわかりました。このようにあっという間に工場の全職員の肉の問題は解決したのでした。新鮮な肉が手に入ると、老羅の技術は大いに発揮され、彼が得意なチャーシュー、ホイコーロー、野菜と千切り豚肉の甘辛炒め、肉の水煮などが次々と食堂に出されました。老羅は新しもの好きで、使ったことのない食材で料理をする時は、先生が学生に技術を伝授するように喜色満面で解説してくれ、私たちも和気あいあいとした幸せな時間を過ごしたのです。

　後に食堂はまかない制から食堂制になり、食券で食事を買うようになり、だんだんと食堂のおかずの種類も増え、蒸しレンギョ、鶏肉の唐辛子炒め、豚肉のあんかけなどの料理もメニューに加わりました。学員たちの食堂における満足度も大いに上がり、老羅もこれにより工場の責任者から表彰を受けました。この時の老羅はやる気満々で、頭の中にはまた新しい発想が芽生えていました。それは毎年慣例になっている全工場の食事会を更に程度を上げ、豪勢にすることでした。私たちの工場が今年対外援助の生産任務を円満に終えるので、彼は「百鶏宴」[5]を催して皆を喜ばせ、しっかりお祝いしようと提案しました。しかし老羅の言う「百鶏宴」とは冗談にしか聞こえませんでした。と言うのも、鶏肉をメイン料理とする宴会では三十羽あまりの鶏が必要ですが、当時三十羽の鶏を用意するのは容易ではありませんでした。生きた鶏や魚は国が統一買い付け、統一販売の第三類の農産物だったので、それらの食材は羅山の食品会社の買い付けセンターだけが買い付けでき、その後市場に持ち込み売買できるのでした。

老羅が私たちに課した任務を遂行するため、私たち食堂の従業員は知恵を絞って、全力で走り回りました。私たちは農村の市場へ通ずる路上で「伏兵」をし、高い所には「展望兵」を配置し、カゴをぶら下げて鶏を売るのを見かけたら、直ちに道の入口にいる仲間に連絡して何とかして引き止め、市場の価格に従って値段交渉し、持ち歩いている秤で重さをはかり、金を払って素早く商売を終えたものです。二日間で三十羽の鶏を購入したと同時に、百匹あまりの鯉も買いました。食事会は予定通り行ない、故郷から遠く離れた人たちはみんな家庭のあたたかさを味わい、みんなの顔はうれしさでほころんでいました。

四十年以上の月日がたちましたが、当時のことを紙に書き出すと、記憶は徐々に鮮明になってきました。あの馴染んだ作業場や食堂は跡形もなく消え去りましたが、私は依然として食堂での平凡な出来事や老羅のような平凡な人たち、また他者からの承諾や集団が与えてくれた責任感を今でも忘れずにいます。たとえ彼らの仕事が生活の片隅で発した一瞬の光であったとしてもです。時間は戻りません。でも、もし戻るならば、もっともっとあの瞬間を大事にしなければと思います。

(『歳月留痕』より転載)

1 「鉄のごとき強固な軍営、流れる水のごとき兵隊」とは、組織は鉄のように堅固で変わらないが、その中で働く人員はいつも変換しているという意味。
2 「民は食を以て天と為す」とは、『史記 酈生陸賈列伝』中に見える言葉。「王者以民人為天、而民人以食為天」。庶民は糧食を生活の根本とするという意味。
3 「遠くから来た坊主はお経が読める」とは、外から来た人は地元の人より優れていて大いに歓迎を受ける、という意味。
4 「米猪」とは、体内にノウチュウが寄生した豚。ノウチュウとは条虫類の幼生の一段階。長さ数ミリメートルの袋状で頭部は裏返しになって袋の中に陥入する。終宿主に入ると袋の部分は消化されるが頭は残って成長し、成虫になる。条虫、サナダムシ。
5 「百鶏宴」とは、大ご馳走のトリ尽くしの料理のこと。当時人気があった、曲波の小説『林海雪原』を改変した革命現代京劇『智取威虎山』で盗賊・座山彫の還暦のお祝いの場面のご馳走として有名。

第三篇　屠殺夫

楊学礼

対外経済連絡部「五七」幹部学校の工場（第一工場）は河南省信陽羅山県城の城関公社にありました。工場の正門の外は自動車道路で、四方八方に通じていて、信陽、光山、商城、息県など……に通じていました。ここは丘陵地帯で、遠くには多くのそびえ立つ山々が見えました。春が来ると、レンゲソウが咲き、群れを成したミツバチが上や下にと飛び回り、花の香りとともに遠くの川の流れが山々を巡り、その美しさはまるで仙境のようでした。

そこはワイヤーから釘を作る工場で、タンザン鉄道の支援[1]のために建てられたものです。管理責任を担当する数人の幹部以外は、北京から来た知識青年及びその家族、さらには上山下郷[2]の知識青年でした。青年従業員の毎月の給料は二十四元で、十四元の食費を払い、十元が小遣いでした。賄いは悪くありませんでした。当時、北京では粗食しか食べられなかったのですが、私たちは毎日米の飯と新鮮な野菜を食べていました。最もカギとなることは毎週自分たちで一匹の豚を屠ったことです。当時私たちの工場ではいつも二匹の太った豚――アメリカ白豚で、二百斤あまりのがおりました。そういうわけで、栄養は十分で、生活はとてもよかったのです。

ある日、理由はわかりませんが、私たち十八、十九歳の青年が自ら豚を屠殺することになり、皆の同意を得ました。私たちは他の人が豚を殺すのを見たことはありましたが、自分たちで手を下したことはありませんでした。でも弱みは見せられません。相談がまとまると、誰かが杉の竿と縄を調達してきました。大きな豚は生きており、重いので、捕まえようとすると、激しく抵抗して捕まえられず、その時もし噛みつかれでもすれば、狂犬病予防の注射を打たなければならなくなるかもしれません！ですから安全策をとらねばなりません。まず豚小屋に行き、肥えた大きな豚を選び、ゆっくりと食堂の入り口まで追い込んだところで、突然豚を羽交い絞めにし、二人がかりで杉の竿で首を押さえ、残りの人間はよってたかって豚の四本の足を縄で縛ります。太った豚は狂ったように叫び、休まずもがき、全身を震わせて抵抗します！私たちは豚を作業台に載せ、竿で首を押さえつけながら足などの部位も押さえます。楊寧[3]が長い刃物で前足の間から心臓に向って突き刺すと、鮮血が切り口から流れ出し、準備していた大きなたらいに流れていきます。豚は苦痛のあまり激しくもがくので、それを必死になって押さえつけます。みるみる血が流れだして二つの大きなたらい半分にたまり、豚のもがきも叫びも小さくなりました。みんなの力も抜けます。そしてみんなが一息ついたこの時に乗じて豚が突然動き出し、竿と縄から抜け出して作業台から落ちて逃げ出そうとします。みんなびっくりしてそれを追いかけます。失血が多いせいで豚は走り出すと前足がよろめき、力が入りませんが、それでも何とかして逃げようとします。全員が覆いかぶさっていき、再度引き戻して豚を作業台に載せます。なかなか死にそうにない豚を見て、ちょっと気が滅入ります。どうすればいいのか？誰かが「頭を切り落とせばすぐに死ぬ」と言いました。そこですぐに刃物を持ち出し、豚の首に手をかけます。豚は抵抗しますが、もう力がありません。しばらくして豚の頭は切り落とされました。遂に豚を殺し、みんなの気持ちもほっとしました。私は人生において一度だけ屠殺夫となりましたが、思い返すと興味深い経験でした。二度とやりたいとは思いませんが。

楊学礼（よう・がくれい）…一九五三年七月生まれ。一九七一年二月、河南省信陽羅山金属工場（対外経済連絡部「五七」幹部学校の第一工場）の仕事に従事。一九七四年九月、首都国営二一一工場に移る。二〇一三年七月、中国推進ロケット技術研究所を退職。

1 「タンザン鉄道」は、タンザニアのダルエスサラームとザンビアのカピリムポシを結ぶ全長一八五九㎞の鉄道。一九七〇年七月中華人民共和国、タンザニア、ザンビアの三か国間で鉄道建設が調印され、七六年七月一四日にタンザニアとザンビア両政府に引き渡された。中国は、両国に四億三百二十万ドルの借款と約二万人の労働者を派遣した。

2 「上山下郷運動」は、一九六八年一二月二二日の『人民日報』に掲載された毛沢東の「最新指示」により、都市にある役所の職員や知識青年が辺境や農山村に赴き、

3
労働者や農民とともに肉体労働した運動。
「楊寧（よう・ねい）」は、当時十六、七歳の「五七」小戦士であった。

【写真左側が楊寧（第一工場所属）。右側は応旗（第二工場所属）である】

第四篇　石嘴山「五七」集会での発言

楊学礼

指導者の皆さま、同僚の皆さま、「五七」の小戦友たち、こんばんは！

今日、私たちは北京から石嘴山[1]に来、石嘴山の元「五七」幹部学校の旧跡復元工事が無事に竣工したことを共にお祝いしたいと思います。ここで私は元対外経済委員会「五七」幹部学校の小戦士を代表し、市の指導部の皆さま、工事責任者の皆さま、設計者の皆さま、建設関係者の皆さまに心からのお祝いと感謝を申し上げます。この真跡を残すことはずっと昔の物語、そして永遠の憧れを残すことに他なりません。ここは、私たちが社会へ出て行くための起点であり、私たちが育った揺りかごのような存在です！　ですからもう一度皆さんに感謝したいと思います！

ここを見学し、あの見慣れた情景、見慣れた人たち、生き生きとしたエピソードを思い出すにつれ、まるであの頃の生活に戻ったような気がしています。まるで夢を見ているようです！　それと同時にまた真実でもあるのです！　私たちはもう一度「五七」の道を歩み、もう一度教育の授業を受けたのです。本当に心より皆さんに感謝します！「五七」の道は毛主席が開拓した道であり、幹部教育の一つであり、もともと私たち小戦士のものではなかったのですが、私たちは確実にその恩恵にあずかりました。あの頃は社会が乱れ、野心家や陰謀家が山のように現れ、武装闘争、家荒らし、批闘大会などが起こり、いろんな組織が乱立し、人の心もすさみました。こんな状況下で私たちは思いもかけず幹部学校に来ることができ、仕事をすることができるという、当時一般の人たちが考えもしなかったことを実現したのです。今風に言えばおいしい思いをした、ということでしょうが、昔の言い方をすれば、大金を拾ったということでしょう[2]。仕事があり、お金が稼げ、難も逃れられたことは、毛主席に感謝しなければなりません！　そして部の指導者の皆さま、私たちの「五七」幹部学校、本当にありがとう！

幹部学校での短い三年半において、私は自分の成長と発展において、ゆるぎない基礎を築き上げました。北京に戻ってから私と長兄、そしてもう一人の同僚は第七機械部で働き、両航事件[3]に参加したベテラン技師の下、最後の弟子として指導を受け、優秀な板金工となったのです。さらに向上できると思い、入党し、幹部となりました。私は光栄にも第七機械部、並びに航空部に入り、宇宙開発の一員として祖国の強大化に力を尽くせたことを誇りに思います。

私たちのミサイルは祖国の背骨として私たちに大きな力を与えてくれます！　私はかつて三回、実験隊とともに基地に赴き、地球静止衛星の発射の任務に参画しました。その成功は私たちを喜ばせ、一層私たちを奮い立たせました！　祖国の強大さは私たちに平和をもたらしてくれます！　私の成長と発展、そしてこの場にいる皆さんの成長と発展は一本の線、つまり「五七」の道とつながっているのです。私たちは永遠に忘れません、私たちがかつて誇り高き「五七」の小戦士であったことを！

皆さん、ありがとうございました！

二〇一五年五月七日

1 「石嘴山」は、寧夏回族自治区の北部にある都市。本文にあるように、かつての国務院直属の五七幹部学校の跡に、五七幹部学校博物館が作られた。

2 「おいしい思いをした」の原文は「撿漏」で、屋根の修理をすることであるが、他人が捨てたものを拾うという意味もある俗語。「大金を拾った」の原文は「撿到了大宝元」で、「宝元」とは明・清代の大取引の際に使われた馬蹄の形をした銀貨。

3 「両航事件」とは、一九四九年一一月九日に起きた香港の中国航空と中央航空のストライキ、及び香港から大陸へ十二機の飛行機が飛んだこと。これには周恩来と林雨水の約束が関係していた。劉敬宜、陳卓林など五名のパイロットが活躍する。

第五篇　羅山を振り返って

王家驄

私のよき友人である王耀平さんから『回想の羅山』という本を編集しているので、羅山での生活について短い文章を書いてほしいという依頼がショートメールで来ましたが、最初はその依頼を受けませんでした。羅山で過ごしていた頃、私は僅か十三、四歳で、思春期に入る前であり、面倒なことに関わる子供ではありませんでした。ですから愛やら恋などのロマンチックなことには全く無縁で、ケンカや殴り合いなど血なまぐさい事にも関わったことがなかったので、この年代には、人の気を引くような事件は何もありませんでした。まとまりがなく、愛や血なまぐさいこともなかったこんな年代に誰が興味を覚えるでしょうか？　ですから私は「何も書くようなことはありません」とお断りしました。すると耀平さんは、「心を静かにしてよく考えて下さい、書くことはあるはずです」と励ましてくださるのです。ご厚意は断われず、無理やり「心を静かにして考え」、あれこれ思いを巡らせて何とかいくつかのことを思い出し、ここに記録します。

初めて羅山に

一九六九年初冬、私は両親、姉、弟とともに家族を挙げて河南省南部の羅山県対外経済委員会「五七」幹部学校に引っ越してきました。（兄は当時すでに東北の生産隊に送られていました）。その時私は十三歳で、生まれて初めて大好きだった北京を離れました。北京から離れることは、私にとっては決してうれしくない出来事でした。めんどりが場所を変えて卵を産むように簡単に引っ越す外国人とは違い、中国人は元来引っ越すことが好きではありません。私は後に外国で十数年暮らすことになるのですが、未だに引っ越しに慣れないでいます。

　四十年以上前の北京の冬は、今よりもずっと寒かったです。初冬といえども、地面はすでに凍り、人々は早くも分厚い綿入れの上着とズボンを着こんでいました。重々しい冬の服に加え、私は背がまだ低かったので、遠くから見るとまるで道の上を転がるボールのように見えたことでしょう。しかし当時、みんな同じような服を着ていたので、所謂「三ツ口の人が脂身の肉を食べる、肥えていても肥えているのを笑わない」、その意味は誰も誰かのことを笑わない、（みんな同じ）というわけです[1]。綿入れの服は見かけはよくありませんでしたが、とにかく暖かったのです。今の若い人たちのように冬の真っただ中にもミニスカートやひとえのズボン姿で、歯がガタガタ鳴るほど寒くても厚着はしない、ということはありませんでした。もしかすると今の若い人たちは私たちの頃よりいいものを食べているので、エネルギーがあるのかもしれませんね。

　一家は北京駅から出発し、どのくらい汽車に乗っていたのかは定かではありません。その頃はもちろん高速鉄道も快速の交通手段もなく、緑色の車両の各駅停車しかありませんでした。ガタンガタンとのんびり信陽駅まで列車に乗り、降りてからは迎えに来る人がいて、私たちを大きなトラックで羅山の駐在地まで運んで行きました。

その車は砂を運ぶ解放型の大きなトラックで、幌はなく、下方には川から掘り出してきたばかりの建築用の砂がぎっしり積まれていました。上に幌がなく、下には砂が積まれていたので、人は基本的に空中に浮かんでいるようなもので、遮るものは何一つありませんでした。車の上に吹く風はとても激しくて、綿入れを着ていても身を切られるような寒風のために、すぐさま手足は凍えて動かなくなりました。この時私は初めて南方の湿気を帯びた寒さの厳しさを体験しました。この寒さは外側から内側に向かって皮や肉を突き破り、骨の髄まで染みわたります。子供の頃の記憶が鮮明すぎて、私はいまだに冬に南方へ出張するのは苦手です。湿気を帯びた寒さを思い返すだけで、私は心から恐れ、震え出すのです。今は南方の旅館でも暖房があるので、随分過ごしやすくなりました。

十数時間、汽車とトラックに乗った私は、頭がずっとふらふらしていました。午後二時になって幹部学校に到着し、私たちは集合宿舎で休息しました。一昼夜の旅で疲れ果てていましたが、寝る時間ではなかったのでベッドに座って休みました。座ってもまだ体はゆらゆらしていて、まるでまだ汽車の中にいるようでした。実はそのベッドは簡単な行軍ベッドで、座ると安定が悪かったことが後になってわかりました。

羅山の印象

羅山で過ごした時間は短く、土地には特別の感慨もなく、印象も鮮明ではありません。ただ覚えているのは、羅山は位置的には湖北から遠くなく、ちょっと南に行けば孝感、武漢です。この地理的感覚を覚えているのは、孝感の麻糖[2]の思い出のせいでしょう。当時私の父は幹部学校から孝感に派遣され、そこで稲の苗の移植を習っていました。その時、孝感の麻糖を持ち帰り、それがおいしかったので湖北に孝感という所があるのを覚えていたのだと思います。

羅山には大きな山がなく、丘陵が主でした。ここは物産が豊富で、小麦、米など農産物がたくさん穫れ、鶏、アヒル、魚、肉も安かったです。しかし何故だか、幹部学校の食事はよくありませんでした。幹部学校は十日ごとに一日休みだったので、みんなそろって仲間と共に県の町に行き、その時に市場へ行って、そこで豚肉や活きた魚を買い求め、食事を改善しました。

羅山の物産は豊富だったものの、現地の農民の生活は貧しく、家は日干しレンガで組まれ、屋根は茅葺という簡単な建物でした。部屋の中には電灯がなく、外が暗くなると屋根から星も見え、空き地で寝るのとほぼ同じでした。かつて私が見た現地の農民の家は、かまどと粗末な家具だけしかなく、正に「壁以外には何もなし」というような風情でした。四十年以上たち、今の農民の生活は大きく変わったことだと想像します。

農民は貧しかったですが、とても素朴でした。でもまれに誰かが幹部学校に来て、こそ泥をはたらく、ということもありました。ある時、貧しい地元の人が寒い日に自分の子供が寒がっていたので、子供に何か暖がとれるものをと思い、夜中に幹部学校に忍び入り、「五七」戦士が作った自家製の煉炭を盗んだところ、不運にも巡回していた幹部に見つかり捕まってしまいました。幹部が彼に「どうしてここで泥棒を働こうなんて思ったんだ？」と問うと、その人はずっともごもごしていましたが、やっと言った言葉は泣くに泣けず笑うに笑えないものでした。それは、「あんたみたいなお偉いさんが、どうしてわからないんですかね。わしらなんかは〝ない〟からじゃないですか？」[3]と言うものでした。

楽しい時間

子供はいつ、どんな時でも自分の楽しみを見つけるものです。幹部学校での最大の楽しみは、毎日学校が終わってから牛に乗りにいくことでした。羅山は湖や池が多く、とても稲作に適していました。水田の多くは棚田であり、トラクターでの耕作には向かず、現地ではたくさんの水牛を飼っていました。水牛は力が強く、性格は温厚で、湿気に強かったので黄牛[4]より飼いやすく、仕事もよくはかどりました。水牛は放牧しなければならなかったので、牛追い一人ではたくさんの水牛を世話しきれず、私たちのような子供がちょうど牛追いのいい助手になったのです。

幹部学校にも所謂中学がありましたが、北京の言葉で言う「空騒ぎ」というもので、ただ日を過ごすだけの場所でした。先生たちはみな正規の教育を受けた人たちではなく、授業はまるで「学童保育」のようなもので、先生の前でおとなしくさえしていれば勉強してもしなくてもいいという感じでした。先生も勉強は苦手だったようで、先生が地理の時間に「パリはニューヨークにあります」と言ったという冗談まであるくらいです。道理で私の地理の知識は今に至るまでひどいものです。また私たちも楽しいあまり、一生懸命勉強せず、授業が終わっても宿題もありませんでした。教科書すらなかった状況で、まして宿題など存在するはずがありません。ですから中学一、二年の勉強は全くできませんでした。当時は適当にやることが自分のためによくない、ということを全く認識しておらず、ただ遊ぶ時間があればそれでよかったのです。

授業は朝八時から午後二時までで、残りの時間は遊ぶ時間でした。当時はゲームやパソコンなどなかったので、時間をつぶす最高の方法はみんなと一緒に牛を放牧することでした。

水牛は体が大きく、背中はまるで大きな跳び箱のようでした。牛に乗るときは、人は牛の背中で二本の足を開いて跨ることもでき、横座りもできました。二本の足を牛の背の片側に垂らすのは、放牧している王二小[5]の姿勢と同じです。ただ残念なことに私たちの中には誰一人として笛を吹ける者はおらず、ロマン溢れる王二小の場面とはなりませんでした。

みんなを興奮させたのは競牛でした。しかし牛追いは私たちに競牛を禁止しました。水牛の体力回復に時間がかかるからでした。でも私たちがおとなしく言うことを聞くはずがありません。毎回牛に乗って出かけ、牛追いの目から逃れると、私たちはすぐに競牛の構えになり、手には柳の鞭を持ち、それを高らかに掲げ、各自位置に着くと競走を始めました。水牛は走るとかなりスピードが出て、耳元の風はびゅんびゅん唸り、十数歳の子供にとってみれば相当な刺激でした！　後に牛追いは、牛の背に鞭を打った跡が残っているのに気づき、厳しく詰問しました。結局私たちが禁止された遊びをしていることもばれてしまいました。これ以後、私たちに放牧させなくなり、僅かに残された「娯楽」も消滅してしまいました。

労働に参加する

幹部学校にいる期間、知識の勉強は確かにおじゃんになりましたが、田植えや収穫、麦刈りなどの農作業は一通りできるようになりました。

羅山の気候は小麦、稲、ダイズなどいろんな農作物の生産に適していました。毎年六月は麦の収穫の季節で、この時はちょうど雨季に当たり、現地の農民は収穫の季節を「龍口奪糧」[6]と呼びました。ですから農業の繁忙期になると私たち中学生はみな労働に参加しなければなりませんでした。

麦の収穫はきつい仕事で、毎朝三、四時には畑に出て、七、八時に太陽が昇る頃仕事を終えます。この時間に麦を収穫する理由は、朝露が麦の茎にしなやかさを与えるので、麦の穂が地面に落ちにくいからだということです。

麦刈りは姿勢が大事です。左足を前に出し、右足は後ろにして、正に「前の足は弓のように曲げ、後ろの足はぴんと引っ張る」[7]という姿勢で臨みました。鎌をふるう時には余分に力を入れる必要はなく、却って入れすぎると手のひらにマメができます。鎌の刃とムギわらは直角にせず、左右四十五度の角度を保てばそれでいいのです。

麦刈りを始めてあまり日がたたない頃、まだコツがわからなかったので刃の切れ味がすぐに鈍くなりましたが、周囲のおじさんやおばさんのは切れ味が変わらず、その理由がわかりませんでした。何回か聞いてわかったのは、鎌の刃はムギわらと九十度にせず、四十五度にすれば力を入れなくても済むし、切れ味も損なわないということでした。何度か試してみると、案の定そうでした。どんな事でもコツさえつかめれば難しいことはないのです。どんな事でも手際よくやって、むちゃしなければいいのです。この考え方は、その後のマネジメントの仕事において大きな助けとなりました。

幹部学校で麦の収穫技術を習得したことによって、私は小さな名誉をもらいました。一九七四年、私は北京の北にある郊外の農場に配属されたのです。知識青年が山村の社会主義建設に貢献する、というわけです。そこは牧畜の農場で、基本的には畑仕事はしないということでした。所謂大農場なら、小麦やトウモロコシを育てるのですが、ただ毎年夏になると、私たちは「農村支援」、つまり農民を手伝って麦を収穫しなければばなりませんでした。初めて農村支援に行った時、農村の悪ガキたちは私たち都会っ子をいじめようとして、麦刈り競争を提案しました。負けた者が残りの麦を全部刈り取らねばなりません。私は負けず嫌いだったので、相手側で一番強いやつとやりたいと言いました。その一番強いやつの名は楊宝山と言い、現地でも「子ウシ」と呼ばれた有名人で、身長は百八十センチあり、太っていて、腹も出ていました。それぞれが六畝の麦、つまり約五十メートルの長さの畝を刈り取らなければなりません。

勝負が始まると、相手はすぐに自分が不利なことに気が付きました。腹が大きいので腰が曲がらず、足にも力が入らず、動作ものろく、苦心しています。一方、私の体重は当時百二十斤[8]で、今のようにお腹もぽちゃぽちゃではなく、羅山で麦刈りの技術を学んだこともあって、すぐに楊宝山より前に進み出ました。勝負は私の大勝利で終わりました。このことがあって、私はその年の労働模範として表彰されました！

羅山を後にしてもう四十三年になりましたが、機会があれば戻って見てみたいとずっと考えていました。聞くところによると去年訪問する機会があったようですが、時間の都合がつかず参加できませんでした。機会があれば必ず羅山に帰り、あの山、あの水、あの水牛が見たいです！

二〇一四年五月一三日

編者注：王家驄の母親である賈茹倩は、編者が羅山の「五七」幹部学校で中学生の時の国語教師であり、彼の弟の王家駟は、編者のクラスメートであった。王家駟は日本とアメリカに留学し、生物技術が専門の博士研究員である。

王家驄（おう・かそう）：一九五六年生まれ。七〇年代末にカナダへ留学、カナダ国籍取得。カナダ・トロント大学経済学部卒業、カナダシティ大学 MBA（経営学修士）。PDP China の高級指導者（ヘッドコーチ）。北京大学―縦横商学院副院長、清華大学―中旭商学院高級講師などを歴任。ドラッカーマネジメント研究の専門家、明徳学堂のウェブサイト管理者。三十年以上にわたってマネジメント及びトレーニングの経験を持つ。カナダ政府機構に六年在職。香港怡和会社、怡和保険顧問会社において地区マネージャー及び駐北京主席代表などの職につく。

1 原文「豁嘴吃肥肉、肥也別说肥（谁也别说谁）」　三ツ口の人は発音がうまくできないので、中国語で肥 fei を誰 shei と発音する。それで、「肥でも肥と言わない」と発音しようとすると、「誰かが誰かのことを笑わない、みんなおなじ」というように聞こえるのである。これは、兎唇の人をからかう俗語であるが、原文を尊重してこのまま訳すことにする。

2 「麻糖（マータン）」とは、麦芽糖が主原料の表面にゴマをまぶしたキャンデー。

3 ここで言う「ない」は物がないことと法概念がないことを掛けている。

4　「黄牛（こうぎゅう）」は、田畑を耕すのに使う牛のこと。

5　「王二小（おう・じしょう）」は本名閻富華、河北省保定市の人。中国の小学一年生の国語の教科書（「語文」）に出てくる。日本と戦う遊撃隊（党）の秘密文書を危険を冒して届けた英雄少年として称揚。水牛に横座りして笛を吹く挿絵が描かれていた。

6　「龍口奪糧」は、龍の口から糧穀を奪う、転じて雨季が到来しないうちに急いで小麦などの収穫をするという例え。

7　原文「前腿弓、后腿綳」。この後「夜三更、練武功」と続き、なぞなぞの題材である。

8　約百二十斤は、約六十キロ。

第六篇　私を平等に待遇してくれた誠実な羅山の人びと

呂争鳴（口述）

私は一九六九年に羅山に行き、外経委員会の「五七」幹部学校第一工場（丸釘工場）に住んだ。つまり余家湾で、羅山の町にある城関小学校から一キロ以上あった。覚えているのは、羅山の秋は朝晩が寒く、昼間は暑かったことだ。冬にはしょっちゅう小粒の氷が降った。それは緑豆ほどの大きさで、バラバラバラバラと一晩中降り続き、翌日の朝起きてみると道が凍っていた。通学の道はかなり滑りやすく、しょっちゅう転んだ。私は手作業が上手だったので、工場の丸く巻いた針金の束を使って、小さなソリを作り、すべって通学した。同級生たちは立って歩いたが、私はソリに乗ってすべって行った。

当時私は四年生で、十一、二歳だった。現地の同級生たちは学校に上がるのが比較的遅く、年齢もかなり大きく、大概十七、八歳だった。同級生たちは私がしょっちゅう転ぶのを見て、とても同情してくれて、一人の大きなお姉さんなど私を背負って通学してくれた。私は片方の足が悪く、障害があったが、ここでは差別を受けなかった。受けたのはいつも援助で、同級生たちの情誼は私をとても感動させた。当時の農村はかなり困難だったから、私は本や鉛筆など自分の文房具をその大きなお姉さんにあげた。結局のところ私は北京から来て条件がずっと良かったのだ。彼女はとても喜んでいた。私たちが住んでいたのは同じ村で、互いの距離もとても近かった。その後、私が彼女の家に行くと、彼女の親たちは生みたての温かい卵を鍋に入れてゆでて、私のポケットに入れてくれた。一つのポケットに一個ずつだ。その様子を今思い出しても心温まる。その当時の農村では卵というのは大変貴重なものだったので、私はとても喜んで、時には彼らがふいご[1]を動かしてご飯を炊くのを手伝ったが、それはとても楽しくて気持ちの良いことだった。私たちのこの相互援助の心はとても真剣で、民間人との間に生まれた血は水よりも濃いという心情はとても忘れがたい。これは純真な友情であった。

当時、私の父母は「五七」幹部学校に下放して労働しようとしていた。父は私に言った。私たちは毛主席の呼びかけに応じて農村に下放して労働する準備をしっかりしよう。この一生は農村に根を張って生きるかもしれないから、と。当時私たちは、家屋は返却しており、何箱かの箱にすべてのものを詰め、外経委員会の地下の倉庫にしまった。一家四人、父母、私それに弟が直接河南省の羅山に行った。そこで腰を落ち着けて生きるつもりだった。その時は、都市と農村という考えなどなかった。行ってみれば、主席の言う通り「農村は広々とした天地で、そこでは大いにやりがいのあることがある」[2]のだった。父母は下放して思想改造し、彼らなりの経験を持った。しかし私は彼らの子女、つまり「五七」小戦士となったのだが、やはり得るところが少なからずあった。特に私のような障害者は、幾らかの活動に参加し、平等、参加、分かち合いなどを体験した。民間の人たちと一緒に過ごすのは特に良かった。差別も偏見もないうえ、ある人など私がとても頭が良いと褒めてくれさえした。

小学校では、私のピンポンは全校の第三位だった。足が悪かったけれど、健常者と打ち合った。何といってもそれは私が北京にいたとき彼らより多く練習していて、自信があったからだ。

先生たちは私に関心を寄せてくれた。今は李先生、甘先生が連絡してくれている。最近甘先生が河南から送ってくれたお茶を受け取った。私も先生方を北京にお招きした。李先生はもう七十五歳だが、退職後毎日山に登って体を鍛えている。この前の羅山の集会にも先生は参加した。私が羅山で学校に行っているとき平等や自信を感じたのは、先生たちが私を差別せず、私を尊重してさえくれたからだ。私も人を差別するようなことはあるはずがなかった。以前北京に住んでいた時、良い同級生もいたけれど、とってもいたずらな同級生もいて、いつも私を馬鹿にしたり、私を押し倒して逃げて行ったりした。時には私が前を歩いていると、彼らは私に「金鶏独立だ」[3]と言ったり、「地面がでこぼこだ」などと言ったりした。しかし、羅山に来たら同じではなかった。自分は卑下しなくなったし、ちょっと心が晴れると、却ってとてもいたずらになった。教室では長い椅子に座り、長い机で、二人で一つの机であった。私と同じ机だったのは、女の同級生だった。私はしょっちゅう彼女をからかった。夏の昼には一時間の昼休みがあるが、どの同級生も机にうつぶせになって寝る。私は慣れないので、眠れず奇声を上げた。李先生が私を「このいたずらっ子め」と叱ったのを覚えている。外経委員会の幹部学校は、学校本部に「五七」中学・小学校を建てたので、私たちもそこの学校に通った。一つのクラスは五人。外経委員会の外国語通訳が私たちに外国語を一対一で教えた。ただ残念なことに、その時しっかり勉強しなかった。

幹部学校にいたときは、多くの苦しみなど感じず、体験した多くは楽しみだった。あの痛快で愉快な感覚が残っている。

私の父母はどちらも退職した幹部である。父は初めは幹部学校の本部にいたが、すぐにまた羅山の町の工場に移った。父は十三歳のとき見習工になった。解放前父は八路軍の兵器工場で砲弾を作っていた。母は軍靴を作っていた。幹部学校の工場では、父は得意分野の機械加工の仕事をし、そこでは師匠となった。母親について言えば、幹部学校に行ってから、ちょっとした病を得たうえ、当時の「五一六」分子を掴み出す運動[4]と派閥闘争が加わったので、適応できなかった。母は「根が赤く苗も正しい」[5]で、主に「大勢に従う」で、「紅連」[6]であった。私は小さい頃は「派閥」などという考えがなかった。幹部学校に行く前、方毅[7]が「文革」中「走資派」[8]となり、「脇に立つ」[9]にされた。方毅は阜外大街の外経委員会のホールを掃除させられていた。私はその地面に座って遊んでいた。方毅は私を抱きながらとても上機嫌で、どこの坊やだと聞いた。のちに、彼は職に戻り、私の家の近くに住んでいた。彼の家の入口には年老いた漢方医がいて、八十歳を越えていた。彼は技術を伝えたいと思っていた。そこで技術を伝承したいという手紙を書いて周総理に渡してほしいと方毅に頼んだ。方毅はその手紙を見た後、住所をメモしておいて私の父に教えた。父に私の治療をその年老いた漢方医にさせるようにした。その後、私は半年ほど治療を受け、幾らか効果があった。

農村に於いて、私は多くのことを学んだ。行ってしばらくすると、泳ぐことを学んだ。羅山には池やため池が多い。誰かが水に入っているのを見て、私も浮き輪を手に持って水に入った。のちになると、私はまた魚を捕ることを覚えた。田ウナギやキノボリウオなどを捕まえた。北京に戻ってから、私は障害のある足を引きずりながら二度屋根に登って火事を消したので、北京市から「義を見て勇なる十人の良き青年」と評価されたが、これはあの時の鍛錬が役に立ったのだ。

農村では、私は何でもやった。麦刈りは、足が良くないので、ちょっとやると腰が耐えられなくなった。それから脱穀は、脱穀機へ麦を送り込まねばならないが、これには手の素早さが必要だ。私の腕力は良かったので、年老いた戦士の遅さなど問題にならなかった。私の母は苗の育成に責任を持っていたので、私は一緒に温度などを見た。苗に育ったら、それから苗馬[10]に座って苗を抜く、これは手先の仕事なので、私の仕事は非常に早かった。しかし、田植えは体が原因でできなかった。

現在思い出してみれば、私の過去の羅山の印象は、次のようなものだ。

第一は、貧しいということである。幹部学校は決して貧しくはなかった。私は幹部学校では北京の生活より良いと感じていた。庶民は非常に貧しく、乞食をする者も多く、レンガの洞穴式の住居で凍える者もいた。私たちは彼らに食べ物を与えたり、さらには父親のたばこを盗んでは彼らに吸わせた。同級生の家に行くと、彼らの家庭条件が劣っているので、十六、七歳でやっと五年生になるのだった。彼らは毎日毎日、屑になったコメを炊いた粥を、幾本かの漬物と一緒に大きな茶碗で食べるのだった。

第二は、羅山は魚米の良くとれる肥えて豊かな土地だということである。私は食べるのが楽しみだった。幹部学校はさらによかったと思う。幹部学校は食費が毎月十三元で、いつでも食べて良く、出されるものも良かった。とにかく労賃があるので、町へ行って買い物もした。我が家では毎週日曜日の朝、十元の買い物をした。スッポンが一斤五十銭、五斤でもやっと二元五十銭。魚は一斤二十五銭、鶏の卵は一個五銭、十元ならばとても多くの物を買うことができた。スッポンを料理することは矢張り羅山で学んだのだ。スッポンの甲羅を私は残しておいて町の薬屋に薬の原料として売った。そうしてアイスキャンデーを買いに行った。

丸釘工場から町の小学校へ通ったが、途中稲干場を通り過ぎると、ゴマが干してある。私たちはとんぼ返りをして、手が地面につくときパッとつかんでポケットに入れる。そして畔を行くとき、私たちはゴマを一ひねりして、そっくりポケットにしまい込む。授業中に少し食べるが、とってもおいしい。家に帰って食事する必要もないくらいだ。

第三は、特に誠実だったことだ。貧しいのは現象で、誠実は精神上のことだ。私は差別を感じなかったし不平等も感じなかった。しかも優越感も感じたし、得意でもあった。だから「わがまま」ができた。

幹部学校の生活は私にとって大きな影響があった。それは自活する能力を鍛え、人と共にいる時の包容、調和、誠実などを鍛えた。それは自分の心の健康に有益で、当時獲得した人へのいたわりの気持ちが、自分の心の回復の基礎となった。自分が楽しんで人を助けるのも自覚的行為となった。

羅山の生活は、非常に愉快で、雰囲気もとても良かった。今なお私はあの時のことをとても懐かしく思っている。

呂争鳴（りょ・そうめい）：一九五七年四月生まれ。吉林省長春市の人。全国「新長征突撃手」、北京市労働模範。九二年全国障害者自強模範。北京市「義を見て勇なる十人の良き青年」に選抜される。共産党第六期北京市障害者連絡会副理事長。共産党第五期北京市人民代表大会代表。共産党第四期北京市大会主席団成員。九八年一〇月より北京市第一四期人民代表大会内務司法委員会副主任委員。北京市障害者連合会党組成員。第五期障害者連合会執行理事会副理事長。二〇一六年五月北京市障害者連合会巡視員。

本文は信陽政治協商会議が出版した『信陽における五七幹部学校』（二〇一五年出版）より抜粋。羅山政治協商会議の歴史資料室が提供する電子版による。

1 「ふいご」とは、火を起こすための送風機。取っ手を手で押したり引いたりして、長方形の箱の内に気密に取り付けたピストンを往復させて風を押し出すもの。

2 「農村は……やりがいのある……」、この言葉はもともと一九五五年一〇月に出された毛主席の平頂山市郟県大李庄郷への指示から出ている。一九六八年一二月の「上山下郷」運動の呼びかけで用いられた。「やりがいのあること」とは、本来階級闘争、生産闘争、科学実験の三つの革命運動を意味した。

3 「金鶏独立」とは武術の用語。一本足で立ち、片手を上にあげ、一方の片手で前を指す姿勢。

4 「五一六」分子を摘み出す運動の指示は、毛沢東の一九六六年五月一六日の通知が翌六七年五月一七日に『人民日報』に発表された。それを受けて首都五一六紅衛兵団という極左組織が周恩来を攻撃した。六七年九月毛沢東は五一六組織者と操縦者は①党中央の指導に反対している。②中国人民解放軍を破壊し分裂させようとしている、と摘発の指示を出した。その後江青が「プロレタリア司令部、人民解放軍、革命委員会を批判した者」を「五一六」分子と定義した。七〇年から七四年にかけて全国で審査が行なわれ、三百万人が「五一六」分子とされた。この審査の方法が残酷で根拠が薄弱だったため、多くの冤罪者を出した。その後、うやむやに終わった。

5 「根が赤く苗も正しい」とは、出身が良く（地主や富豪などではなく）、学習や仕事も良いこと。

6 「紅連」は、汪道涵などを擁護し、方毅反対を掲げた大衆組織で、その下部組織の戦闘部隊がのちに「五一六」分子とされた。

7 方毅（ほう・き）、（一九一六—九七）。福建厦門の人。一九三一年党員。三七年出獄後、湖北で工作。文革前は対外経済連絡委員会主任であった。七七年中国科学院副委員長として全国科学大会の文献起草などに努力。七九年六月中国科学院院長。八二年九月中央政治局委員。八八年三月全国政治協商会議副主席など。

8 「走資派」とは、資本主義の道を歩む実権者という意味。一九六五年の毛沢東「農村社会主義運動の当面提起されているいくつかの問題について」ではじめて使われた。六六年八月八日中共八期一一中全会の『中共中央関于無産階級文化大革命的決定』（十六条と言われる）で、この運動の目的は「資本主義の道を歩む実権派を闘い倒し、ブルジョア階級の反動学術権威を批判することである」と規定した。

9 「脇に立つ」とは、ポストを外されること。多くはトイレなどの掃除をさせられた。

10 「苗馬」とは、苗代で使う鞍型の腰かけ。上方に反った板が取り付けてあり、腰を動かすだけで前後に移動できる。

第七篇　幼き日、あのジグザグの歳月

朱勇

ある夜、学校時代の友人たちとおしゃべりしているうち、思いがけず時間の裂け目を破って、幼い頃に遭遇しました。五十歳後半になった私たちは、幼かった日々を遠くに追いやってしまっていて、思い出すにも苦労します。

衝動にかられ、遠く去った歳月の流れから少しすくい取ってみましょうか。

一

一九六五年の初頭、私は六歳で、両親に従って南京から北京に来て、今の西三環の辺りに住んでいました。家の近くには大学、工場、そして広大な田畑がありました。

ちびっこのときは適応力が強いのでしょうか、何の悩みもなく遊びからすぐに北方の生活に慣れ、「七百万人の首都の人民」の一員となっていきました。当時の子供たちはよく遊び、遊びの数も多くてわんぱくでした。年端もいかない頃、年上の子供と一緒に夏は運河に行き、八一湖で泳いだり、飛び込みをし、冬は紫竹院や什刹海でスキーやスケートをしました。また農民の畑にある穴蔵で二組に分かれて、地下から地上に追いかけて行って泥投げ合戦をしたものです。覚えていますが階下の少し年上の子が爆竹を雄鶏の尻尾に仕掛け、その音にびっくりした鶏は上へ下へと飛び上がり、悲しい声でひと鳴きすると、ダーッと逃げ出しました。私たち小さい子供は集合住宅の門の前で恐怖のあまり固まっていました。大きくなってから当時のことを思えば、あれは子供がしたとは言え、ひどいいたずらだったと苦笑とともに思い返します。

いたずらばかりのあの数年間は、私の頭の上にいくつもの「天窓」を開いてくれました。放課後の帰り道でさえじっとしておれず、道端に掘られている溝に落っこちました。膝の下には今でも大きな傷跡が残っています。ある時、別の子供とケンカをし、私は習ったばかりの武術の型で押し倒すと、「かっこ悪さに怒り出した」そいつは、のこぎり型のナイフを取り出し、振り回しているうちに私の手の甲を切りました。夜になって傷口を見て恐しくなった母は、私を引っ張って訴えに行こうとしましたが、私は絶対にいやだとしっかり壁の角にしがみついて行きませんでした。当時は家長が自分の子供をかばうことは少なく、ことの正否を明らかにし、子供がケンカにナイフなどを持ち出したりしたら、殴って子供を叱ったものです。

その実私の周辺の仲間はよく遊び、たまに間違いを犯しますが、大多数はものわかりのよい子供でした。礼儀をわきまえ、勉強を好み、気弱ではなく、心から良いことをします……　私は仲間たちがアイスキャンデーを買って食べているのを見ながらも、自分は母親から毎月もらうお小遣いを大学に行った時に本を買うためにとっておく、と言っていました。ことわざに言う、「三つ子の魂百まで」というわけで、年老いた今から考えると、このことわざは確かに理にかなっています。

「文革」が始まり、最高指示が発表される度、私はドラや太鼓を鳴らす学校のデモ

第7篇　幼き日、あのジグザグの歳月

隊と一緒に手には「紅宝書」[1]を持ち、スローガンを声高に叫びながら町を行進しました。授業が中止の間は仲間と一緒に北京展覧館に行き、壁新聞を読みました。そして自転車のフレームにまたがって、くねくね曲がりながら進み、天安門を見学しました。私は、紅衛兵との謁見後、西郊空港から北京に戻って来る毛主席を人込みの中で待ちわびていたところ、思いがけず周総理を見たので、躍り上がって何日も喜んでいました。

その頃から世の中の治安は悪くなりました。私は外から来たひと群れの若者が隣の住宅の一階の家に押し入り、サスマタでベランダのガラス窓を突き破り室内に突入したのを自分の目でしっかりと見ました。砕けたレンガが床一面に落ちていました。このことがあってしばらくしたある日アパートでは、突然血気盛んな若者たちが緊急に動員され、五階の屋上にレンガや石を運び、屋上にテントを張って防御の準備をしていました。後にこの住宅楼は、部隊住宅に住む子弟の夜襲に遭い、廊下で激しい争いとなり、多くの家のガラスが割れました。その原因とは、この住宅のある人が殴り合いのケンカに関与し、混乱の中で年長の子供が殴られて死に、近くの鉄道の踏切に捨てられたことによるものでした。「家長はどこに行っているのか？」とあるいは問う人がいるかもしれません。経験者はみな知っていますが、家長はその当時、忙しくて家を顧みる余裕がなかったのです。さらに、多くの家庭では家長が「牛小屋」[2]に入れられ、家に帰れなかったのです。あれだけ広い住宅区も男の子の天下だったのです。

私の小学校の校長は、「文革」の初期に高学年の小学生に教室棟の前まで引っ張り出され批判されました。生徒は結局先生を論破できず、彼女の顔や体につばを吐き、万年筆のインクをまき散らし、最後には髪の毛に手を掛けました。先生が自己防衛のために身体をかわしても、彼女の後ろから小さな手がいくつも伸び、機会をねらってつかむのです。身のかわし所のなくなった先生は、髪の毛を振り乱しながら力が抜けて座り込んでしまいました。その日、私は何人かのクラスメートと二階の窓辺にへばりついて下を見ていました。尊厳を失った校長は、哀れな顔から憎らしい顔つきに変わり、私も機会があればつばを彼女に吐きかけると思いました。

後になって、もし当時私も高学年の生徒だったなら、私はまたどんな行動ができただろうか？　と考えたことがありました。しかし、過去の出来事に「もし」は通用しません。

当時、両親は確かに忙しく、精神的にもいい状態ではありませんでした。勤め先で運動があっても、両親は家に帰ってもそれについて話しませんでした。中国の国連加盟が阻止されました。と同時に「文革」が勃発し、両親のような人が出国して仕事をするという希望は失われてしまいました。勤め先の外語学校でフランス語の補習をしていた母親は、第一陣として登録し河南省息県の「五七」幹部学校に行きましたが、後にその幹部学校は撤廃され河南省羅山県に合併したのです。おおよそ半年後、「偽党員」の嫌疑有りのレッテルをつけられた父親も羅山に行き、労働しながら審査を受けました。

　両親の監視下から遥かにはなれた私は一層わがままになりました。ある日夜が明けるころ、私はこっそり家から抜け出し、一人で懐中電灯を手に、鉄道の側の林へ脱皮したセミを捕まえに行きました。おばあちゃんは目が覚めると大事な孫がいないので胸を叩き地団駄を踏み、天に向かって叫び頭を地につけ、そこら中探しまわりましたが、私は見つかりません。私がのんきに家に帰ってきたのを見て、おばあちゃんは、お前のお父さんに言いつけてやるから、と言いました。

　言ったらいいじゃないか。私は手のセミを握りながら、ちょっと威張って言いました。

　おばあちゃんはこの言葉をよく使いました。私がちゃんと食事をしないと、きっと言うのでした。また宿題をちゃんとしないと、おばあちゃんはきっと言うのでした。まるでお経の様でした。今日に至っても昔の友達は私に会うとからかうのを忘れずに、「ちゃんと酒を飲まないとお父さんに言いつけるよ」なんて言うのです。

　私の記憶の中で父親は仕事第一の人で、普段は私たちにはあまりかまいませんでした。これまではおばあちゃんが父に告げ口して、それが往々母に伝わり、母が私に穏やかに諭す、というものでした。ある時、私は近くの工場から少し欠けた先の尖ったペンチを拾ってきました。たぶんおばあちゃんが密告したのでしょう、父は竹の物差しで私の手のひらを思い切りたたき、過ちを認めさせようとしました。私は大泣きして拾ってきた物を投げだしました。父親が怒りで我を忘れていたときにも、おばあちゃんは必死で私をかばいました。事が済んでからこっそりと私に彼女が竹の物差しでたたかれて腫れた手の甲を見せてくれましたが、私はやはり彼女を許すことができず、何日もおばあちゃんと口をききませんでした。後に父はたぶんその状況に耐えられなかったのでしょう。新しいペンチを買って私にくれました。

私には一歳年上の美しい姉がいて、彼女はよくおばあちゃんの手伝いをしていました。その時私はまだ幼すぎて、おばあちゃんが自分の成長においてどんなに大事な人か全くわかっていませんでした。

一九六九年、北京では戦争に備え、緊張した時代に突入しました。区のあちこちではいつも防空演習の警報が鳴り響き、窓ガラスの内側は米印の形に紙が貼られ、私たちも空襲の訓練を学校で受けました。すでに七十を超えたおばあちゃんは私と姉のために大きなリュックを用意してそこに食べ物や飲み物を押し込み、私と姉に、空襲に遭った時はすぐに向かいの華僑の建物の地下室に隠れて、そこでじっとしてお互い助け合わねばいけないと言いつけました。

姉は「おばあちゃんも一緒に行こう」と言いました。

おばあちゃんは、「私はもう走ることができないからお前たちの足手まといになる。私は家をみるよ。死ぬなら家で死ぬよ」と言いました。

私は一気に恐怖を感じました。「おばあちゃんを死なせない、ぼくとお姉ちゃんでおばあちゃんを支えて走るから」と言いました。おばあちゃんは私たちを驚かせたことに気が付き、慌てて「冗談だよ、そんなに簡単に死ぬわきゃないよ」と言いなおしました。そう言いながらも表情は暗くなり、ちょっとため息をつくと、「お前たちが無事ならあたしはそれでいいよ」と言いました。

私は小さい時におばあちゃんに言ったことがあります。「おばあちゃん、僕が大きくなったら飴を買ってあげるよ。お酒も買ってあげるね」。

この言葉を私の父は今でも覚えているのです。

二

あの「一号命令」[3]が下されてから、北京では外地に向けて大規模な人口分散を展開させました。

この年の冬、私たち一家は羅山に集まりました。信陽駅から出た時は、空にちらほらと漂っていた程度の雪でしたが、迎えに来たトラックが私たち一行十数人を乗せて羅山の幹部学校に近づいた時には、どんどん降ってきたのをよく覚えています。田畑のドン付きにある赤いレンガの校舎が目に入ってきた時には、好奇心から見つめたものの、心の中では何かに押しつぶされているような不快感がありました。それはたぶん喪失感、そして未来が予知できない恐怖が一緒になった感覚だったのでしょう。この時から私は大人たちが労働鍛錬を行なう「五七」幹部学校で、一年間の忘れられない歳月を過ごすことになるのです。

ここは丘陵地帯で、伝説によると狼が出没します。蛇も多く、突然茅葺の屋根から蛇が落ちてくることもあるそうです。現地では柴が不足し、農民たちは木の根っこを掘ってそれを燃やして飯を炊くので、多くの人が結膜炎を患っていました……。

私たちは新しく建てられた僅か十数平方メートルのレンガ造りの家に住んでいました。両親は奥の部屋に住み、外の部屋は大きなベッドが一床置けるくらいの広さしかなかったので、おばあちゃんは真ん中、私と姉はその左右に寝ていました。朝目が覚めると屋根にすき間があるのが見え、細かい雪が明かりのところから下に降り、枕の側にも両手で一すくいほどの雪が積もっていました。「食卓」は古い木箱で、そこにビニール製の布がかけられ、上には碗や箸、アルミの鍋、インクの瓶を改造した石油ランプが並べられていました。粘土を固めた床は湿っていて、でこぼこしていました。食事は中隊の食堂から持ってきたもので、洗い物に使う水は父が池から汲んで来たものでした。父は池から二匹の鯉を捕まえて水がめの中で飼っていました。生き物を飼うとおばあちゃんは喜びました。魚は水の汚い物を浄化するというのです。しかし魚のフンがたくさん堆積するので、水がめを洗う仕事は私にかかってきました。

幹部学校は労働改造農場を拡大して建てられていました。大人たちは部隊の編制に従って中隊に入りました。中学生は県の町で寮に住んで勉強しました。子弟の小学校は当初、犯罪人が住んでいた望楼のある四合院に設けられていました。

教室はかなり粗末で、窓にはまだ昔の鉄柵が残っていました。レンガ二つに長い木の板がわたされたものが数人の学生が一緒に使う「学習机」で、腰かけは各自持参していました。後に私たちはテントの教室に引っ越しましたが、数日寒い日が続くと、クラス担任の王先生は授業中、寒さのあまり鼻水を垂らし、眉毛にも霜がかかっていました。二十数人のクラスメートは首を縮めた小猿のようで、視線までもが凍ったような感じになり、口からはほかほかと白い息を吐いていました。

　五年生の私たちは、子弟小学校の最高学年の生徒なので、大人たちからとても重要視されていました。幹部学校が開く批判大会や学習経験交流会[4]、また文学や芸術の催し、さらには中央政府の書類の伝達にさえも私たちは駆り出されました。これらは年端もいかない私たちを興奮させましたが、また雲や霧の中にいるような困惑の感じを免れず、あいまいな期待の中で大人になることを夢見ていました。

　幹部学校の労働は、「大授業」といったものでした。大人にとって生産労働に参加することは、思想改造、意志の錬磨、官僚主義の浄化、労働人民との友誼を深める大事な過程でもありました。そして学校の子供にとっては労働鍛錬を通じて労働技能を身につけ、体質を強化し、労働を誇りに思う思想基盤を作る、という役割がありました。

　「革命に苦労はつきもの、自ら探してでも苦労せよ」これは幹部学校で流行った有名なスローガンです。体格のいい体育の先生は腰の傷をものともせず、教室の前を石畳の道にするために、休憩時間を利用して家屋建設現場から割れたレンガを運んできました。最初は小さな板の腰掛けに座っていましたが、のちになるとすっぽりと地べたに跪いて座り、茶碗の口くらいの太さ[5]の木の棒を振り回して、レンガを砕いて泥の中に入れ、地を突き固めて平らにしました。これは学生が通るただの小道のことですが、母の書いたものによると、第一期幹部学校の学員は厳寒をものともせず、凍りついた土をくずし、道を掘って土砂を運び、数十里も先にある山で石を採取して、「五七」大道の突貫補修工事という苦しい仕事を行なったのです。文章からは、それらの人々が自ら積極的に困難に向かって進んでいく様子、労働者農民と協力しあう道すじ、また積極的に思想を革命化しようとする気概がよく表されています。

私たちの先生はみな各中隊から選ばれた人たちでした。幹部学校には私の母親のように、建国後仕事に参加した知識分子の幹部がたくさんいました。また父親のように抗日戦争や解放戦争のさなかからやって来た幹部や、経験豊富な老幹部もたくさんいました。彼らはみな「五七」戦士という共通の名前を持っていました。青竹が急に伸びるような年頃になると、私はいつもあのよく見知った「五七」戦士や、彼らの労働、学習、生活の中の情景を思い出しました。飼育場では彼らは私が牛の角に足を掛け牛の背中に登るのに手を貸してくれました。そして牛に乗って坂を上るときは身体を前に傾け、坂を下りる時には牛の尻尾を引っ張るようにと繰り返し言い含めてくれました。平日、私と姉は「五七」戦士のように池際の木の枠にしゃがみこんで洗濯し、腰の悪い母親を手伝って家事を分担していました。農作業の繁忙期になると、私たちは高学年の学生として自然に大人に従って畑仕事をし、一緒に苗を抜いたり、田植えや刈り入れをしました。朝晩一緒にいるうちに、先輩たちの人柄や精神のあり方は幹部学校の子供たちに影響を与えました。

水田で田植えをしている時、私はヒルにかまれたことがありました。後に同級生と一緒に捕まえたヒルを半分に切ったり、或いは焼いてから水に入れたりしました。ヒルは水に入れると蘇ることができる、という伝説が本当なのか検証したのです。

幹部学校の生活は苦しかったと言えますが、もっと苦しいのは農民でした。春節の前に母親は私を連れて彼女の連絡戸[6]の所に行き、「貧しい人を訪問し、その実情を把握する」活動に参加しました。村はすべて背の低い土壁で、草ぶきの屋根の家で、ある家の窓は一尺四方の穴で、昼間は開けっ放しで、夜は稲わらで塞ぎ風や寒さよけにしていました。私たちが行った家では、寝床は皮を剥いでいない木の棒で支えられていて、冬だというのにそこから緑の葉っぱが出ていました。私はそれを見て変だと思い又驚きもして、母親に指さして見させようとしましたが、母の冷ややかな目で押しとどめられました。後に一人の同級生が言ったのですが、三年の困難な時期[7]には羅山で餓死する人がたくさんいたそうです。私はびっくり仰天しました。解放後にも餓死する人がいたなんてどうしたって信じられませんでした。

物事がわからない私たちは雪合戦をするために、幹部学校の側にあった墓地に侵入しました。白い雪に覆われた累々たる墓地はまるで兵を分けて布陣しているようなので、二手に分かれた子供たちは大いに騒ぎまくりました。

ある日、放課後家に帰ると、私は近所の唐おばさんが湯沸場からお湯を運び、近くの村の男の子たちに手を洗うように呼んでいるのを見ました。その子供たちの顔や耳はひどくひび割れていました。特に二つの小さな手は真っ黒で、ひどいあかぎれができていて、指の関節の裂けた傷口に泥が入り込んでいました。男の子たちは洗面器を囲んで注意深く石鹸を泡立て、時々首をひねって互いに目を合わせ、興奮したその目は輝いていました。――彼らにとってはあたたかい湯と石鹸でさえも珍しく、凍傷を防ぐクリームを塗ってもらうと、何とも言えない笑みを浮かべるほどでした。この情景は深く、深く私の心に刻まれています。生産隊に入る前の幹部学校のこの経験によって、農民の苦しい生活を子供心にも私は感じ取ったのでした。

幹部学校では子供にはわからない大人の事情もありました。第二中隊の牛飼い班には「窓際」と呼ばれる副部長級の老人がいました。飼っていた子牛が果樹園に飛び込みリンゴを数個突き落としただけで、中隊で彼は大げさに批判[8]を受けていました。数年前、その老人というのが、後に上海で政治をとりしきって有名になった汪老[9]であることを知りました。

「五一六」分子[10]を徹底的に調査する運動の最中、各中隊は特捜班を設立し、告発箱を掲げました。大人たちは「すべてが疑われ」、みなびくびくして暮らしていました。数年の「文革」を経験して、未成年の子供たちも十分に敏感になっていて、何か不穏な動静があると理由なく両親のことを心配しました。

その数日間、父は徹夜で報告資料[11]を書いていて、唇には水ぶくれができていました。夜半に両親が奥の部屋で声を低くして言い争いをしているのを聞きました。次の日、母親は目を赤く腫らし、朝食もとらずに野菜畑に仕事に行きました。

私たちが夏休みになると、父親はおばあちゃんを江蘇の実家に送って行き、同時に途中、入党紹介人を尋ね、自己潔白の道を証明することにしました。その日の朝、目覚めるとおばあちゃんのベッドが空っぽなのに気づき、突然心がざわめきだしたのをよく覚えています。姉は、朝一番におばあちゃんと父親が学校の車に乗って町に行ったと言っていました。

私は泣き始めました。おばあちゃんは私が生まれてからずっと私を守ってくれたのにこんな風に別れてしまったらいつまた会えるのかわかりません。私は幹部学校の一番高い坂の上まで駆け上がりました。ここから遠くに羅漢道路を望むことができるからです。私はどんなにその道を通る長距離の自動車を見たかったことか！　その車にはきっと会いたくて仕方がないおばあちゃんが乗っているはずなのです！

「五一六」運動が深まるにつれ、幹部学校の「五一六」分子はどんどん捕まっていきました。秋に入ると、一人の老幹部が集合宿舎でシーツにくるまり、髭剃り用のカミソリで首を切って自殺しました。宿舎は四合院にある私たちの古い教室の向かいにありました。大胆な同級生数人が窓に縋り付いて見ていました。私は、その老幹部とは、私が知っている年上の男の子の父親だと見定めていました。北京で、ある時私が木の下でエンジュの花に手を伸ばしていると、その年上の子は近寄り、何も言わずに木に登ると、エンジュの花の枝を手折って私に投げ、木から飛び降りてどこかへ行ってしまいました。北京のお兄ちゃんは私を助けてくれたのに、「ありがとう」も言えずに終わってしまいました。

私はガラス窓にくっついて急いで見ました。宿舎のベッドとベッドの間は狭く、一人がシーツの下で首を切って血を流したというのに、同じ宿舎内の人は誰一人気づかなかったのです！　生きている人間には想像もつきませんが、彼は——死ぬ時、どんなに強い覚悟を決めていたのでしょうか？！

私の一族の年長者は、気持ちの温厚な農民でした。「文革」中、彼もでっち上げの罪名を着せられ、批判闘争を受け、つるし上げられて死に至り、冤罪で死んだ亡霊となりました。

ああ——国乱れれば、民犠牲になる！、です。これもまた人類の歴史における無数の、そしてまた一つ裏付けられた証拠なのです！……

ついに父親の問題がはっきりしました。軍の代表は、特定の期間党に対し、また一人一人の同志に対して責任をとらなければならない、と言いました。「文革」中の所謂報告資料の摘発は、父の人生の軌跡をひっくり返すことはできなかったのです。これは長い話であり、具体的な人や事象に及び、動乱の時代のゆがんだ政治環境とねじ曲げられた人格を映し出しています。

また冬が来て、一家は北京に帰ることになりました。この時、幹部学校にはすでに給水塔、講堂、バスケットボールコートが建ち、また子弟工場も企画され、正に当初、母親が北京まで私たちを迎えに来たときに言った通りになりました。すべてよくなってきた、と。

幹部学校で野外映画を見ることは何よりも楽しいことでした。「南征北戦」「地道戦」「英雄児女」[12]など何度見ても飽きることはありませんでした。そして牛の放牧では牛の広い背中に座り自分で削って作った柳の笛を高らかに吹き、映画の中の曲を歌いながら牛に任せて田畑を歩き回りました。水牛に乗った違う中隊の小学生と出会うと、興奮してポケットに土くれを詰め込み、泥投げ合戦が始まったこともありました。これは本当に危険な遊びで、ある時は合戦が始まっていないのにオス牛が先に一対一で戦いを始めたこともありました。

どうして男の子たちは騎馬合戦やピストルや棒で遊んだり、英雄を気取ったり、まるで何かに取つかれたように疲れを知らずにこんなことに没頭するのでしょうか？――はいはい、これこそ男の子の天性なのでしょう！

幹部学校を去る前、私はある同級生と一緒に水牛に乗って田んぼで遊ぼうと約束しました。水牛は田んぼの畔を歩いていると、突然前足を下の棚田に踏み入れ、身を乗り出してそこにあった枯れた野草に口を近づけました。私たち二人は虚を突かれて何も出来ず、ただ牛の首に沿って牛の頭の所まで滑って行き、牛の角が私のお腹に当たりました。慌てた二人は続け様に地面に転がり落ち、ふと見ると牛は何事もなかったように依然として頭を低くして草を食べていました。その様子は私たちを苦しめた犯人とは思えないほどのんびりしていました。牛はただうっとうしかったので、大きな頭を揺らし、私たちを振り飛ばしただけだったのです。

歳月が流れ、私はもうその時の同級生の名前や顔を覚えていません。少年時代は過ぎ去りましたが、私が小さい頃の仲間たち、みんな元気でいるでしょうか？

三

一九八四年初春、汽車に乗って信陽を通った時、私は幹部学校に帰ってみたいという気持ちが芽生えました。

その時私は南京師範大学を卒業したばかりでした。当時は改革開放の波が押し寄せ、社会全体が活気に満ち、各種の業界が抱負や才能にあふれた若者を求めていました。私も未来に憧れを抱き、何かしたい気持ちでいっぱいでした。

私は車を乗り継いで羅山県の町に来ましたが、四方を見渡して呆然となりました。どうしても幹部学校の地名と学校に行く道が思い出せず、結局は道行く人が教えてくれた指示に従って、別の役所の幹部学校の旧跡に行き着いてしまいました。ある人は警戒して私にたずねました、そんなのさがしてどうするんです？、と。

ついに十里塘でアスファルトの道から土の道へ曲がったとき、私の記憶はひときわ鮮明になってきました。田んぼの奥深くに、あのよく知っている赤レンガの校舎が一棟一棟広がっていました。正面の壁には「毛主席が示す輝かしい五七の道に沿って勇ましく前進しよう」とか「自力更生で苦労に耐え奮闘しよう」という白塗りのスローガンがあり、いまだに人目を惹いていました。ただ路面は車輪にひかれてでこぼこになっていて、スローガンの色も風や雨に侵食された跡が残っていました。

私は幹部学校の跡をぶらぶらしました。何人かの農村の子供たちが幹部学校が残したバスケットボールのコートで遊んでいました。またローラースケートで遊んでいる子供たちもいて、楽しそうな笑い声が聞こえてきました。十数年たちましたが、校舎と周辺の景色にさほど大きな変化は見られませんでした。目を少し遠くの方に移すと、当時泳いだり魚釣りをした池は記憶ほど大きくなく、また給水塔も記憶ほど高くなく、とても不思議な気がしました。私が思うには、これは子供の視界が狭いせいか、或いは記憶に変化が生じたせいなのでしょう。

記憶とは篩のようなもので、ふるわれたもの、またはふるわれなかったものがあり、人によって違う取捨の選択があるのだと思います。

ここはすでに部隊の農場となっていました。四合院の飼育室で私が二人の湖北省籍の戦士としばらくしゃべっていたところ、彼らはこの二年間で老同志が何人かここを訪ねて来たと言っていました。ある戦士は感慨深く、こう言いました。年若い人は一度もどって来てここを見るべきだ。ここでかつて起こったことが、本当であれ、うそであれ、よいことであれ、悪いことであれ、美しいことであれ、醜いことであれ、ここにはすべてその時代の烙印が押されている。この経験は増やすこともできず、繰り返すこともできない！　それは貴重な積み重ねであり、一生涯あなたと共に存在し、あなたに励ましを与えるのだ……

私はこの戦士の言葉の重みに深く感動したのです！

親切な戦士は食堂（かつて私たちの教室だったところ）で食事の準備をし、地元の白酒[13]を出してくれました。どういったわけか、私は短い時間で大いに酔って、ひどく吐いてしまいました。

あの十年間中華民族に大きな災難をもたらした「文革」は、すでに徹底的に否定されました。みんな「前を向いて進め」と言い、過去の傷跡に耽溺することはできませんでした。

二〇一四年の晩秋、三十年の時を経て、私は又羅山に戻りました。幹部学校の旧跡にはランドマークの給水塔と何棟かのぼろぼろになって形をなさない家屋が残されているだけで、四合院を含む多くの校舎はすべて倒されて畑になっていました。かつて轟き渡った「五七」幹部学校はすでに歳月の一ひだ一ひだに埋められた歴史の中に葬り去られていました。当時は羅山には国の役所や委員会の「五七」幹部学校が六、七か所あったのでした。

第7篇　幼き日、あのジグザグの歳月

タクシーの運転手は私に、ここ数年は訪ねて来る人はけっこういて、イベントもいくつかある、と言っていました。

私は彼に、もう少しここにいたいので先に帰って下さい、と言いました。

彼は心のこもった表情で言いました。私もちょっとぶらぶらしたいです。羅山に住んでいますが、なかなか来られませんからお供します。

それもいいですね、と私は言い、ゆっくりと歩いていきました。

光陰矢の如しで、当時十一、十二歳の子供があっという間に六十歳です！　正に二千年余りの間吟唱されてきた「子 川の上に在りて曰く、逝く者は斯くの如きか」[14]という心境です。

今に触発されて昔をしのび、一生のうちにはなにか大きな事業を成し遂げられると思って来ましたが、今縦横無尽に起伏するこの荒野を前にして私は自分に問いかけずにはおられません。お前は何をしたかったのか？　何ができたのか？と。

一言、「お疲れ様」という言葉が心の底から湧き出て来るのは、物事への追求に執心する自分に対しての最高の挨拶とねぎらいなのではないでしょうか？

私は努力して頭の中を空っぽにし、秋風が吹くのを聞いていると、ただ頭の中に過去の断片が次々に浮かんでくるばかりです。

これら昔のことを書きながら、私は北京のある年上の知り合いが言ったことを思い出していました。客観的に、是非をはっきりさせて歴史を見るべきだ、当時の国情から決して逸脱せずに。

所謂歴史とは、過去のあのような出来事にすぎないのではないでしょうか？　普通の一般市民からすると振り返って考えてみたり、あれこれ言ってみたりしても、とどのつまりは気持ちを集中させて今日できることをしっかりやる、ということでしょう！

総じて言うと、私は未来に対して更なる信念と希望を抱いているのです。

二〇一五年一〇月二一日　南京にて

朱勇（しゅ・ゆう）：一九五八年南京に生まれる。一九六九年末から一九七〇年末まで対外経済委員会河南省羅山の「五七」幹部学校で一年過ごす。後に「内陸」建設を支援する両親と共に陝西に赴き、一九七九年南京に戻る。人民公社の生産隊に入り、労働者となる。大学卒業後、中等専門学校で学生及び党内の仕事に従事する。学校事務の副主任、行政党支部書記、学校党委員会委員を歴任。一九九二年省級の役所に入り仕事するが、一九九九年民間で起業し、現在に至る。

1　「紅宝書」とは『毛主席語録』のこと。赤い表紙の本で、大切な宝物の本であったからこういう。

2　「牛小屋」とは、文革時、批判の対象の人物を軟禁した小屋のこと。

3　「一号命令」とは、一九六九年一〇月一七日に林彪が出した命令のこと。ソ連からの攻撃を避けるために大都市の役所の人間や文化人を、老弱病障者も例外なく、各地方に下放させた。

4　「学習経験交流会」とは、文化大革命中、毛沢東の著作を学習し、実際に活用した体験を語り合う会。

5　「茶碗の口くらいの太さ」とは、十五センチくらいの太さを言うときに使われる比喩。

6　「連絡戸」とは、党員や幹部が農業経営について連絡をつけ、状況を把握し、問題の解決に当たる一定の農家のこと。

7　「三年の困難な時期」とは、一九五九年から六一年までの三年間の自然災害による困難な時期。各地でかなりの餓死者が出た。今では政策の誤りによる人災だというのが定説となっている。

8　原文は「上綱上線」。文革時に良く行われた、些細なことを教条的に原則的政治問題として追及すること。

9　「汪老」とは汪道涵（おう・どうかん）、（一九一五―二〇〇五）のこと。副総理。一九三八年入党。四九年以降は、第一機械工業次官や対外経済聯絡次官、上海市長（八一年四月―八五年七月）を歴任。海峡両岸関係会初代会長（九一年一二月―二〇〇五年一二月）。江沢民を上海市長に推挙した。なお、上巻第八篇及び第九篇も参照されたい。

10　「五一六」分子は、一九六七年三月―八月に北京で五一六紅衛兵団という秘密組織が現れた。彼らは周恩来旧政府（国務院を指す）と腐敗した官僚を打倒すると主張し、北京で大きな影響を与えた。第六篇の注4も参照されたし。

11 原文「材料」。自分の経歴を書いたもの。

12『南征北戦』は、一九五二年上海映画製作所の映画。成蔭、湯暁丹監督。一九四七年の解放軍華東部隊と国民党軍との戦いを描く。高大隊長と山東省沂蒙山の桃村の趙玉敏村長とが協力して、国民党軍のダム破壊を阻止して勝利を導く話。なお、成蔭、王炎監督により一九七四年にも作られている。『地道戦』は、一九六五年中国人民解放軍八一映画製作所により、任旭東監督の映画。河北省高平庄の民兵隊長高伝宝の父高忠老が地道戦の策を考える。一九四二年日本軍と偽軍の大掃討の際、毛沢東の「持久戦論」により勝利する話。『英雄児女』は、一九六四年長春映画製作所。巴金の小説『団円』を毛條、武兆堤が脚色して、武兆堤監督により作成。朝鮮戦争に人民志願軍として従軍した革命家が、同じく志願軍に加わった、かつて戦乱の中で離散した娘と戦友の息子と出遭う話。

13「白酒」は、コーリャン、トウモロコシ、サツマイモなどを原料とした透明の蒸留酒。アルコール度数はかなり高い。

14『論語』の「子罕第九」にある言葉。原文は「子在川上曰、逝者如斯夫（し かわのほとりにありていわく、ゆくものはかくのごときか、と）。」

第八篇　幹部学校雑記

段小鷹

私は一九六九年一一月から一九七二年の春まで、父母が対外経済連絡委員会羅山「五七」幹部学校に下放したのに従って、一緒に三年近く生活しました。幹部学校に行ったのは、私が九歳のときでした。

一　印象

羅山県は河南省南部に位置し、後の私の知識からすると、その土地は丘陵地帯に属します。ここは一年中雨がよく降り、大小とりどりの池は、延々と起伏する大地に星のように点在しています。主要な農作物は小麦、稲、大豆と綿花で、物産は豊富でしたが、現地では夏の収穫まで毎年数か月間は糠や雑草を食べてしのいでいました。当時は住民が怠け者だからそうなるのでは？と思っていましたが、後に政策のせいだとわかりました。羅山や光山、新県はすべて古くからの解放区で、当時「革命をやった」場所でした。私はかつて同郷人の案内によって、大軍が南下した時敷設した羅漢道路の側で「紅軍塚」を仰ぎ見たことがあります。聞いたところによると、中には七名の紅軍戦士の遺骨が埋まっているということでした。大きな塊になった黄土があるだけで、墓碑や花はありませんでした。

羅山の境界を出て羅漢道路に沿って南に行くと、道路の両側には大きな葉をつけ、育ちが速く日差しを防いでくれる桐の木がありました。県の町から十華里[1]ほど行くと「十里塘」という小さな町に出ます。その小さな町から羅漢道路をくねくねと南に行くと漢口です。十里塘の東には小高い丘があり、その丘の上には南向きの赤レンガの新しい平屋が三棟あり、それが対外経済委員会羅山「五七」幹部学校の第三中隊の所在地でした。第三中隊から東南に三華里のところ、緑の木に囲まれた宿舎が「学校本部」でした。そこには政工組、辦事組、生産組、第四中隊、そして第二工場がありました。そこはもともと労働改造農場で、犯罪者を拘禁し、思想改造する場所でした。大学の卒業生を主とする第二中隊は第三中隊の北東にありました。第三中隊の高い丘の上に立つと、晴れた日は白い雲が頭のてっぺんから足元まで一面に渦巻き、畑、麦畑、緑の木、農作業小屋、池の全てが目に入ります。冬になると一晩で四方全てが真っ白になるほどの雪が降り、一面銀世界です。炊事の煙がゆらゆら立ち上り、犬が野ウサギを追いかけてつけた足跡が地面に残り、作業する農民の姿が柴の山に見え隠れして、正に「山には銀蛇舞い、原には蜡象馳り」[2]の世界観でした。

二　第三中隊

私たち一家は当時、両親と姉と私（兄は東北兵団に行きました）で、三棟あった建物の最後の棟の部屋に落ち着きました。当時最後の一棟に住んでいたのは家族持ちで、中には三世代同居している家族もいました。姉は県の町の中学に行き、普段は家にいなかったので、私と両親だけがそこに住んでいました。その部屋は十平方メートルばかりで、四面の壁は石灰で塗られ、床は土で固められていました。部屋にはダブルベッドが一組置かれ、クスノキで作られた衣装箱を二つ重ねてそれを書き物机兼食卓にしていました。そして北京から持ってきた箱一つ分の本、玄関から入ったところには四角い泥で作った炉があり（冬には暖をとったりお湯を沸かしたりした）、それ以外は何もなく、何かを置くこともできませんでした。

夜になると、父はいつも机に向かって何か書き物をしていました。父は当時、党内で審査を受けていました。机の上の石油ランプの光はチラチラしていて、壁に父の大きな影が映っていました。

ある時、ぼんやりしていたのか眠かったのか、私の顔が石油ランプの熱くなった支えの部分に当たり、「ジュッ」という音がしました。父が気づいて慌てましたが、私の頬には赤いやけどの跡が残りました。

ある朝目覚めると、両親がいないので、私は着替えて探しに行きました。すると父は真ん中の棟の西の部屋の切妻壁[3]の日陰になったところに座った大人たちに「マルクス・レーニン主義の原理」を講義していました。当時「マルクス・レーニン主義を学べ」と言われていましたが、私はちょっと聞いただけですぐにその場から離れました。劉少奇の悪の手先である中央党学校を出た人間が、どうして「五七」戦士にマルクス・レーニン主義を語っているのでしょうか？

父は幹部学校でいろんな職につきました。例えば、大工や、牛車引き（ある時、牛車が坂を転がり池に落ちた時、それを止めようとした父の足を車輪が轢いたこともありました。欧陽海は馬を止めましたが[4]、父は牛車を止めようとしたのです）や、食堂の仕事をしました（賄いの食事をよくするためにいろいろ考え、評判はよかったようです。常おばさんはよく、段さんの料理がおいしいわけは、味の素をたくさん使ってるからだよ！と言っていました。私はそれを聞いて腹が立ち、父に言い訳しろと言いましたが、父は笑って、そうだ、味の素を多めに入れたんだ！と言っていました）。また幹部学校の信陽接待所の責任者をしていたこともあり、大人たちは父が「大使」になったと笑って言いました。後には学校本部に来て生産組の責任者となり、トラックやトラクターなど「大きな役畜」の管理をしたり、さらには生産を主につかさどる副校長をやり、七二年の秋に北京に戻りました。

ある期間滞在した後、誰それがどこかに転勤になったということをよく聞きました。当時はそれを「引き上げ」と呼んでいました。その中でも北京に帰る場合や、陝西省、湖南省など外地に行く場合がありました。「引き上げ」という言葉は「首吊り」を連想させます[5]。（文革の時私はまだ小さかったのですが、死人を見たことはありません。もともと私の家は展覧路の地質部宿舎にあり、家の東は北京市委員会党学校、北は建工学院で、毎日大音量で派閥闘争をする声が家に聞こえてきました。今日此奴にボロ靴を咥えさせるかと思うと、明日はあいつに高々とした帽子をかぶせるといった具合です。党学校の西側の外に西直門に通じる鉄道があり、人生にあきらめがつかない人がよく線路に伏せて自殺しました。私は自分の目で鉄道の脇で女性の遺体を見たことがあります。破れてぼろぼろになったむしろの下から、きれいな模様の綿入れの服と乱れた髪の毛がのぞいていました。ある日の夕方、私は友達と建工学院に遊びに行った時、本館の西側の地下室から怒鳴り声やひっぱたく音、うめき声が聞こえ、そのうち一人の女教師が殴られて死んだことが伝わってきました。それはみんなが羨ましがることでした。しかし私は父が早く「引き上げ」されることを切に願っていました。それはみんなが羨ましがることでした。けれど私が目を患って北京に帰った時も、父はまだ「引き上げ」されていませんでした。

母は身体が弱かったのですが、まず畑仕事に行かされ、次に養鶏、放牛、養豚をし、売店でも働きました。放牛している時、元気のいい子牛にこづかれて真っ逆さまに地面に落下し、足に怪我をしました。養豚は体力仕事で、豚に食べさせる草を刈って、餌を作らねばなりません。豚は発酵飼料を好み、またそれは豚を肥えさせると聞くと、母はすぐに発酵飼料の作り方を学びました。またおからがいいと聞けばすぐにおからを用い、自分は一食抜いても豚には餌をやり、終に母は心臓病になってしまいました。私は母が横たわって荒い息をしているのに驚き、大人たちは急いで母を車で県の人民病院に運びました。父も町で十日間母につきっきりでした。その間私は家で留守番をしていましたが、李おばさんや彼女の子供たちが私に付き添ってくれたので孤独を感じることはありませんでした。母は病気が快方に向かうと家に帰って休みました。栄養食品を持ち帰りましたが、盥に入ったピチピチ跳ねるフナを見ると、私の気持ちはグッと楽になりました。

　第三中隊の子供たちは一番多い時で三、四十人以上いて、小学生に中学生、それに生産隊や兵団から親を訪ねてきた年上の子供たちで、にぎやかな集団だったことが記憶にあります。夏の夜は草むらで「お化けの話」を聞き、雨の日は漆喰で軍艦の模型を作ったりしました。男の子、女の子、大きい子も小さい子もみんなそれぞれ好みや楽しみがあり、ある子はよく泣き、よくしゃべり、ある子は騒がしく、それもまた楽しからずや、という風情でした。私は幼い時から兄の影響で絵を描くのが好きで、『智取威虎山』や『紅灯記』といった子供の本を手に、昼日中模写し続けたものです。ある時、隋建輝[6]の母親が私のスケッチブックを手にしながら、自分の家の息子の小輝に、「ごらんよ、小鷹君が描いた絵はこんなに上手いのに、あんたときたら」と言いました。隋建輝はその時何も言いませんでしたが、心の中ではきっとこう考えていたでしょう。「それがどうした、僕ができることですらあいつはできないんだ！　それにあいつは〝ボルガ〟[7]のことだって〝鹿印〟っていうくせに！(「ボルガ」は旧ソ連で生産した乗用車のことで、飛び跳ねる鹿のマークがついていました)。もの知らずのくせに！」

　当時、子供たちはみなタバコの箱を集めていました。河南省はタバコの生産が盛んで、「マンゴー」「黄金葉」「大生産」など北京では見たことがないタバコの箱は、私たちにとってはとても珍しかったのです。「五七」戦士が吸い終わったタバコの箱は私たちの最高のおもちゃになり、遊べなくとも見ているだけでうれしかったものです。後に北京に帰ってからもそのクセは治らず、タバコの箱を見ると拾いたくなりました。当時は夏になると家の戸は開けっ放しだったので、ある日の昼、私は私の家と同じ側に住んでいた「多多」のお兄ちゃん（私より二歳下でした）が私の家に潜入し、ベッドの後ろに隠れるのを目にしました。彼の目的は私がベッドの下に置いていたタバコの箱の山です。そして彼が箱を手に入れ、こっそり逃げようとした正にその時、私に「賊も盗品もともに」取り押さえられたのです。

子供の頃のエピソードはたくさんあり、今思い出しただけでも笑ってしまいます。左康はちょっと年上で、色が白く、あまりしゃべらず（私は彼の妹の左虹と同級生でした）、一緒に遊ぶこともあまりありませんでした。耀平は、「お前は絵が描けるから、バッチの絵のある証書を描いてくれ。俺たちはそれを持っていて、持っていない奴とは遊ばないことにしよう！」と言ったのです。私は厚紙をさがしてきて、心をこめて「logo」を制作しました。カードの上には姓名、年齢などの「情報」を書き、「審査合格」した子供に渡しました。ある日左康は厳しい顔つきで私たちに言いました。「お前らこんなこと違反だって知ってるか？ 法律では私的に組織や印鑑を作ったりするのは禁じられているんだ！」と。それを聞いた私たちはみんな呆然としてかたまってしまい、すぐに「証書」を廃棄しましたから、「包囲網」は瞬時にして崩壊してしまいました。左康の全面的な勝利です！　あの法も秩序もない動乱の時代においては、憲法で選んだ国家主席でさえ打倒されたのです。ましてや私たちのようなこのちっぽけな「小児科」なら、法に反し犯罪に手を染めたことになるでしょう。左康は本当に法制の観念がありました！

技術についての話しをしましょう。中学生の劉熠輝はいわゆる「にわか医者」で、県の新華書店から赤い表紙の『常用薬草手帳』を買ってきました。その本は精密な薬草や植物の標本やその産地、効能も書かれ、完璧なものでした。そこでみんな一人一冊その本を携えました。田んぼや畑は、しゃがんで図を頼りに「薬」を探し回る子供で溢れかえりました。当時は鍼灸治療が流行していて、「千年も花が咲かない木に花が咲き、千年ものオシが言葉を話した」のです。「新聞簡報」（当時はドキュメンタリーの形をとっていて、物語映画の前に上映されました）では、いつも鍼灸治療で聾唖が治ったとか、鍼灸麻酔で手術が成功したといった「偉大な成功例」が紹介されていました。この「鼓舞」を受け、私たちもむずむずと試してみたくなり、みな鍼を持ち、「足三里」、「風池」などのツボに「鍼を通し」、「だるいか？」「しびれるか？」などと聞きあっていました。跡が残らずに本当によかったと思います。

十日に一度、やっと「大休」[8]がとれたのですが、それは食堂が食事を改善する日でした。「学習会」「批判会」「闘争会」「労働課」などが一段落すると、全ての中隊は上も下もリラックスして愉快な雰囲気となりました。大人たちはこの得難い休みを利用して体を休めたり、洗濯したり、布団を干したりしました。父はこの日いつも色あせた木綿の粗末な服を脱ぎ、真っ白でゆったりとした良質のシャツに着替えました。この日家長たちは必ず子供たちに小遣いをくれたので、私たちは県の「市」に出掛けました。夜が明けないうちから男の子も女の子も三々五々群れを成して笑ったり歌ったりして出発しました。星の光をたよりに田畑に沿って町へと進みました。十里塘を過ぎると、ぼんやりした光が早起きした人たちの影を窓から映し出し、いい匂いが外まで漂ってきました。それはお百姓たちが正月用に「グオズ」（ここの土地では、小麦粉で作った食品）を油で揚げる匂いでした。砂石を敷き詰めた羅漢道路に沿って、起伏の激しい坂道を越えると空はだんだんと明るくなり、田畑以外はすべて墓場、という道端の景色がはっきりと見てとれるようになりました。墳墓は高く大きく、ヨモギで覆われ、頂きは円錐形の土の塊がかぶせてあり、一つ一つと並んでいました。

その日、墳墓の脇の水たまりのところに一匹の野犬がいて、その側で私は白っぽい物を見ました。近づいてよく見ると、それは真っ裸の赤ん坊の死体でした。連れを呼んだのですが、彼らは見たいけれども見る勇気もなく、結局わっと叫んでその場を走って去りました。

「資本主義の尻尾を切り落とせ」という時代、羅山県の市場の物産はとっても豊富で、現在よく見る町の自由市場にもひけをとらないものでした。いろんな種類の野菜、水産品、百貨、軽食など何でもありました。ただ人が今ほど多くなく、ちょっとものの寂しい感じではありました（編者注：編者の印象では羅山の市場は人が押し合いへし合いしていた）。幹部学校の人たちを除くと、現地の人たちの購買力には極めて限界がありました。揚げパンは特に質がよく、大きくてふわふわで、一個三分で、市場に行くたびに私は真っ先に揚げパンを食べたものでした。第三中隊の朝ごはんはずっとマントウと自家製の塩漬けの千切り大根でした。噂では連隊中央幹部学校の食堂の朝ごはんは揚げパンと豆乳が食べ放題で、いつその制度が私たちのところに「普及」してくるのかはわかりませんでした。今では、私は第三中隊の朝ごはん―マントウと塩漬けの千切り大根―を懐かしく思い出します。私は今でもこの二つの食材が一緒になった味を正確に覚えています。

羅山の水源は豊かで、水産物が豊富にあり、アオウオ、ソウギョ、レンギョ、コクレン、コイなど何でもそろっていて、味も今の人工養殖の比ではありませんでした。商店街の側にはスッポンの丸煮を専門に売る小さな店があり、朝早くに店主が木の鍋蓋を開けるといい匂いがそこら中に漂いました。大鍋一杯のスッポンはみな腹を上に向けていて、腹に十文字を入れ、そこにサンショウ、ハッカク、唐辛子などの香料を満たすと町中がいい匂いがしてみんな唾を飲みこみました。一人分はたったの〇、三元でした。

「段さんの所の子供さんは買い物がうまいねぇ！」と瞿おばさんは、私とできもの（正式な名前は貝小平で、私たちは一緒に十里塘小学校に入学しました）がそれぞれ大きな魚を下げて帰り、息子が買ったのが「頭でっかち」（コクレンのこと）で、私がコイを買ったのを見て、大声をあげました。大きなコイは私の母が薫製にして、毎日二切れか三切れ食べても、一家全員十日間食べることができました。今考えてみると、できものは私より買い物上手でした。「頭でっかち」はレストランでは七、八十元で売れるでしょうし、「魚頭鍋炒め」は正式な有名料理となっているのですから。

　河南省の冬は長くて寒く、水が氷になることはありませんが、雨や雪が降り、どの家も冬が来る前に煉炭を並べて冬の準備をしました。顧長衛[9]の映画『孔雀』での石炭を並べるシーンは私の子供時代を思い出させ、とても懐かしさを感じます。

　うちの家を二部屋に改造した後、「大休」や冬休みに、父は中隊の「自由派」（呉おじさん、戈おばさん、常おばさんたち）と家で「昇級」[10]というトランプゲームをしていました。やり始めると夜の一時、二時まで続き、時には私が目を覚ますと正にゲームの真っ最中でした。灯りはほの暗く、ぽかぽかと暖かく、楽しみは尽きませんでした。

　「気をつけ！」大きな声に続き、十数名の「五一六」分子にされたばかりのものが、御飯用のボウルを持って隊列を成して食堂へ食事をとりに行きます。彼らの順番は他の人が食事をとってから後です。この中には私が知っているおじさん、おばさんがいます。状況が深刻になると次に誰のもとに災難が降ってくるのか誰にもわかりませんでした。

母は放牛、養豚、鶏のエサやりをする前、中隊のために羊の放牧をしたことがありました。最初、羊は何匹もいませんでした。羊のボスは「紅頭」と「黒ブチ」で、名前を呼ぶとボス羊は人と一緒に歩き、羊の群れもそれについて歩きました（編者注：毎回紅頭は先頭に立ち、黒ブチはしんがりを務めました）。芝居の台詞にも、「青藤は山の崖の長さにたより、羊の群れが歩む時は頭の羊を見る」と言うではありませんか！後になると、羊はどんどん繁殖し、羊の群れはどんどん壮大になってきました。子羊は本当に可愛かったです。私はひまな時には母を手伝って羊を放牧し、羊の群れ、特に子羊との間に深い感情が生まれました。私は自分の目で子羊の誕生から乳を飲んだり跳ねたり、大きくなっていくのを見守りました。ですから後に中隊が大きな羊は屠殺し、小さな羊は売って処分すると決定した時、私は悲しくて涙を流しました。その時心に受けた衝撃はなかなか消えませんでした。

中隊は鶏小屋を作り、母を養鶏係に任じました。春に鶏の伝染病が流行り、多くの鶏が死にましたが、それはたぶん「鶏インフルエンザ」ではなかったでしょうか？H5N1型[11]かどうかはわかりませんが。最も印象深かったのは雌鶏が、ひよこを孵化させることでした。鶏小屋にはしょっちゅうイタチが出没したので、雌鶏が卵を抱く時には我が家はほぼ鶏小屋となり、かまどの上、ベッドの下はすべて雌鶏の産室になりました。私は自分の目で、卵から二十日たってひよこが殻を破って孵化する全過程を見ました。面白いのは、「卵を抱く」任務のない雌鶏も不眠不休で卵を抱き、どんなに人が追い払おうが、水をかけようが全く動ぜずで、あくまで非を認めずあきらめない、といった風情でした。普通は一羽の雌鶏は二十前後の卵を孵化させますが、母は空間を節約するために雌鶏に三、四十個の卵を孵化させていました。そのやり方とは、夜中あるいは雌鶏が気が付かないうちに、卵を巣に押し込むのです。ある時などは、私たちが水田から拾ってきた名も知らぬ鳥の卵を押し込んだこともありました。日がたって一羽の小鳥が孵化しましたが、嘴がとがっていて、足が長かったので、今になって思えば、もしかすると国家第一、二級の保護動物だったかもしれません！　残念なことに成長しませんでしたが。三、四十個の卵から孵化したひよこは母鶏をぐったりさせました。毎回母鶏は三、四十羽のひよこの隊列を従えて食べ物を探し回りました。それは「老模範」（土地改革の時期に積極的に参加した農民を指します。「労働模範」に選ばれると第三中隊の大人から子供まで皆その人を「老模範」と呼びました。七十歳前後で、黒い粗末な木綿の服を着て、ヤギひげを生やし、頭を布でくるみ、手には長いキセルを持っているのです）でさえ、その光景は珍しく、生まれてこのかた、一つの巣からこんなにたくさんのひよこが孵化したのを見たことがないようで、本当に彼の見聞を広めました！

おまけに第三中隊の犬の話をしますと、それは遠くまで知れ渡っているほど有名で、いつも十匹くらいいました。「小花」「大黄」「daling」「灰子」「四つ眼」など、ほかにもたくさんいました。不思議なことに、犬は人を見極めることができました。犬は幹部学校の大人や子供に咬んだり吠えたりすることはなく、いつも近寄って来て尻尾を振ったりあまえたりするのですが、見知らぬ農民を見かけると群を成して攻撃します。ある日、農民が第三中隊の宿舎の傍で犬の攻撃に遭い、逃げ遅れてズボンを咬まれてぼろぼろにされました。農民は怒って、「お前たち幹部学校の犬は地主の犬より凶暴だ！ 俺たちが地主の家の前で乞食をしたとしても犬に咬みつかれることはなかったぞ！ お前ら幹部学校の人間はでかいシェパードに俺ら貧農を咬みつかせるのかよ！」と叫びだしました。これは階級的感情と立場の問題に発展しそうなので、大人たちは慌てて謝り、おわびをしたのでした。

　犬たちも見誤ることがあります。三夏の時期（夏の収穫、夏の種まき、夏の管理を指します）、壮年の男たちは朝三時から畑に出て麦を収穫し、正午になってようやく仕事から戻ります。この日もいつもと同じように大人たちは頭にタオルを巻き、作業服を肩に掛け、手には鎌を持ち、疲れ果てて戻ってきました。そしてまもなく中隊に着くという時、「小花」がそれを見ていました。「小花」はその日、どんな神経が働いたのかわかりませんが、前にいた林おじさんに向かって狂ったように吠えました。おじさんは心身ともに疲れ切っていたせいで怒りがこみあげ、「小花」の頭骸骨めがけて鎌を振り上げ、叩き付けました。「小花」はキャンキャンと叫んで逃げて行きました。知識青年の任志剛が慌てて来て、林おじさんに向かって叫びました。「あなたのような大人が犬と同じ頭の程度とは、呆れてものも言えないな！」林おじさんは何も言えませんでした。「小花」の頭には三日月形の傷跡が残りました。

中隊でものが無くなる事件がたまに起きました。例えば住宅の前や後ろに干していた服がなくなったり、畑の果物や野菜が掘り起こされていたりして、繁忙期には空き地の麦や稲でさえ見張りが必要になりました。そこで中隊でも繁忙期に人を配して宿直をさせました。壮年の男は昼に重労働をしているので、女性、特に老人や体の弱い者を宿直させることになり、ある時期には私の母もしょっちゅう夜に宿直をしました。夜も深まり、あたり一面真っ暗な野原の中での宿直を女の人たちは怖がったので、犬が役に立ちました。昼食のマントウを残しておくと、夜、犬たちは母たちの周囲にぎっしりと集まります。みんなが座ると犬たちも座ったり、寝そべったりしていますが、立ち上がって巡回する時には犬たちは取り囲んで守ってくれるので女性たちは安心できたのです。

犬は時には面倒をもたらすこともありました。父は県の町から食料としてつがいのアンゴラウサギを買い、「いい種を残す」ため木材で小屋を作り、玄関の側でそれを飼っていました。しばらくするとその中の一羽の耳が犬に咬まれ「一つ耳」となってしまいました。そのウサギは結局私のおもちゃとなり、そこらじゅう走り回りました。ある時は坂の下にある牛小屋まで走り、乾草の山に入り込み、私たち子供たちも分かれて探し回ったので牛飼いの葉元格おじさんと汪道涵のおじいさんは私たちを見て笑っていました。

毎年夏になると、ある一時期はたまらないほど暑かったので、昼間はお茶も食事ものどを通らず、夜も寝付けませんでした。夏を乗り切る一番の方法は池に飛び込んで水遊びをすることだったので、私たち子供たちはここで泳ぎを覚えました。「周党畈[12]から持ってきたスイカやマクワウリだよ！」と言う売り声が聞こえると老若男女、瓜を囲んで選んだり、叩いたりしました。スイカの半分は昼ご飯となり、スプーンですくって中身を食べ終わると、皮は頭にかぶせます。勇ましい奴はすぐ池に跳び込み水牛と一緒になるので、自然と牛の糞も人の糞も渾然一体となります。

食堂の側の「吃水塘」「三角塘」「方塘」以外は、全て私たちの天然のプールでした。「吃水塘」と言えば私たち全中隊の人たち全員の生命の水であり、今でいうと北京市民にとっての密雲ダムと同じくらい大事なものでした。小さな鉄のバケツで水をくむのが私の毎日の仕事でした。水は濁っていてバケツの底が見えませんが、ミョウバンを一つかみバケツに入れてかき混ぜてしばらくすると、バケツの水は透き通るようにきれいになって底も見え、大人も子供も安心して飲めるようになるのです！

心配事が何もない日々を過ごしていましたが、幹部学校の「五七」小学校はまだ準備段階にあったので、ある日父は私にこう言いました。「お前は十里塘小学校に行きなさい。あそこは家から近いし、農民の子供たちとも遊べるからね。本部は遠いし、いつも幹部学校の子弟と一緒じゃ面白くないだろう」と。ちょうど私の家と同じ側にあった貝さん一家も同じ考えだったので、私と彼らの家の二番目の息子の貝小平（幼少名、できもの）は、一緒に十里塘小学校に入学しました。幹部学校の多くの子供たちは幹部学校が設立した「五七」小学校に通い、私たち二人だけが農村の小学校に上がり、確実に「労農結合の道を歩んで」いったのです。

三　十里塘小学校

十里塘小学校は十里塘という小さな町にあり、生産大隊と隣接していました。小学校は低くて薄暗い土レンガのわらぶきの校舎で、ゆがんだ入り口や窓があり、屋内には黄色い泥を塗った壁がありました。幹部学校の数年間、私は農村で真っ白の壁を見たことがありませんでした。教室の正面にある小さな黒板には毛主席のカラー写真が掛けられ、両端は赤地に黄色い字で毛主席語録が書かれてありました。「私たちの事業を導く核心的力は中国共産党であり、私たちの思想の基礎はマルクス・レーニン主義である」。[13]二つに積み上げた土レンガの中間に一枚の長い板をわたしたのが学習机で、椅子は生徒が家から持ってきた腰かけでした。屋外は低い土壁が囲み、その中間が運動場でした。そこは私たちが授業の合間に遊んだり、活動したりする場所でした。クラスには十数名の子供がいて、私と九歳のできものは二年生でした。同級生の中で一番大きな子はもう十四、五歳でした。毎年食料が手に入って余裕ができると、彼らはやっと一学期間勉強できるのです。それで、十四、五歳でも二年生だったのです。クラス担任は国語も兼ねている胡という名前の先生で、三十歳前後でした。大きな目をしていて、痩せていて、髪を左右に分け、きちんとした青い中国服を着て（この服装は彼を現地の農民と区別する象徴でした。現地の人は一年中粗い布の黒い服を着ていました。夏になると綿入れの服から綿を取り出して単衣にして着ていた人もいました）、いつも腋に何冊かの本をはさんでいました。もう一人、名前は忘れてしまいましたが女の先生がいて、彼女の太くて長くて黒い三つ編みはとても印象的で、歩くたびにその大きな三つ編みが左右に揺れる様はとても素敵でした。他の先生についてはあまり印象に残っていません。

しばらくして、学校と町では、新しく二人の「幹部学校の子供」が来たことがすぐに広まり、貝小平にはクラスですぐに「鄧小平」というあだ名がつきました。国語の教科書は河南省革命委員会の教材編集部が出版したもので、印象深い授業が二つありました。一つは「九大」[14]の新聞公報で、その内容は劉少奇の党籍を剥奪し、劉少奇と鄧小平の内外全ての職務を取り消すことで、新しい党中央の指導者リストには林彪及び「五大金剛」と「四人組」の主なやり手[15]が数名入っていました。もう一つの授業は革命現代京劇『智取威虎山』の第三場の「深山問苦」です。小常宝の歌の一段は、「八年前の風雪の夜大きな禍が天から降って来た、座山彫[16]が私の祖母を殺してお父とお母を捉えて行った。夾皮溝の大叔父が私を引き取り育ててくれた、お父は逃げ帰りお母は谷に身を投げて死んでしまった。星を見ても、月を望んでも、ただ深山に太陽が出てくるのを待ち望むのみ、ただ一日も早く私に娘の衣装が戻るのを待ち望むのみ……」というものでした。

このテキストの読み方（正確には歌い方）は、抑揚をつけ急に止まったり、メリハリをつけ、頭を揺すり首を動かして、唾を四方に飛ばす、といった感じでした。はじめ、私とできものは「北京なまりを標準音とし、北方語を基礎とする」普通話で読んでいましたが、少し読んだところで先生と同級生の河南なまりにつられてしまいました。私たちはそれから長い間、口を開けば河南なまりとなってしまい、直そうとしてもなかなか直りませんでした。

国語の宿題は毛筆で書かねばならず、練習したことのない私たちにとって難題でした。同級生が毛筆で小さいマスの中に小さな楷書を書いているのを眺めるだけで、私はにっちもさっちもいかなくなり、頭が痛くなりました。胡先生は私たち二人が全く基礎がないのを考慮して万年筆を墨汁につけ「硬筆書道」として何とかこの難関を越えさせてくれました。

「算数」の応用問題も私は苦手でした。問題はこのように出されました。はじめはゴチック体で毛主席語録の一部が書かれています。そして「生産隊が養魚池を掘るのに、一日目はXX平方メートル、二日目はXX平方メートル、三日目は社員が大いに意気込んだので、前の二日間の合計よりわずかXX平方メートル少ないところまで掘った。さて、平均して毎日どれくらい掘っただろうか？」今のこどもなら目を閉じて計算できる問題でも、当時の私にとってはめまいがするようなむずかしさでした。父親に助けを求めると、時には教えてくれましたが、「お前のお兄ちゃんやお姉ちゃんの時よりずっと手がかかる！」としょっちゅうこぼしていました。

この日胡先生は授業をしたくなかったようで、「今日は皆でラジオを聴こう」と言いました。みんなうれしくて小躍りしました。胡先生はクラス委員に職員室からレンガくらいの大きさの新しい半導体ラジオを持ってこさせ、河南人民放送に合わせました。教室はすぐにしんと静まり返りました。同級生たちは頬杖をついたり、机に伏してこのしゃべるプラスチックの箱に興味津々の面持ちでした。しかし実際には「九大」精神や「現代革命劇」の他、大した番組はありませんでした。

「大隊がトラクターを買ったぞ！」と村の中は喜びにわき、老若男女がその報告に走り回りました。皆が大隊前の空き地に集合したので、一台の斬新なトラクターは見物人に何重にも取り囲まれました。トラクターは十里塘の有史以来、最も現代的な農業設備でした。人民公社は終に農業の現代化に向けて一歩踏み出したのです！

後に学校で毛沢東思想宣伝隊を立ち上げました。できものは学校が終わると家に帰って遊びに行きましたが、私は練習に行かねばなりませんでした。ある時、宣伝隊は運動場で踊りの練習をしていました。私は毛主席の像を持って中央に立ち、農村の子供たちは手をとりあって踊りながら私を囲みました（つまり毛主席の像を囲んでいたのです）。この時、突然後ろから「クスクス」と笑う声が聞こえてきました。声の方を見ると、土壁の後ろから王耀平、隋建輝（邱大鋼がいたかどうかは忘れました）などの人影が見えました。「五七」小学校は授業がないので、ここに物見遊山に来ていたのです。私は本当に気恥ずかしかったのですが、我慢して演じ続けました。

ある日、正午を過ぎて練習が終わった時、胡先生は一元を出し、大きな子供がそのお金で豚肉（脂身の多い）と、まだ湯気の出ている塩水豆腐と白菜を買ってきました。土レンガで鍋を支え、火種をとり、鍋を土に埋めて肉を煮ました。鍋の中の食べ物は「コトコト」と音をたてて煮え、いい匂いが漂いました。大きな子供は煮えたかどうかを確かめると言って幾キレかを挟むと行ってしまいました。皆も我慢できずにそれぞれが箸をつけて食べ始め、最後にはスープまで「ズルズル」と飲み干してしまいました。

ある時は三日間の「合同公演」にも参加しました。場所は羅山県の中のなんとか学校です。先生は私たちを率いて荷物を担ぎ、紅旗を翻して列をなし、十里塘から徒歩で県の町に入り、そこから東に十里行きました。平坦なアスファルトの道は車も人もなく、その両端は高くて大きな柳の木が植わっていました。二十華里歩きましたが、それは当時私が歩いた中で一番長い距離でした。どうやって帰ったか、ですか？　軍の車が私たちを送ってくれたのです。デキモノまでもらい、帰ってから体中が痒かったのを覚えています。

「お前の仇を覚えておくからな！」これはクラスの同級生がよく口にしていた言葉です。最初私は何のことかわからなかったのですが、後に現地の「文化」であることがわかりました。村の大人たちの間で対立や意見の食い違いがあった時には「仇を覚えておく」のです。同級生どうしで不愉快なことがあると「仇を覚え」絶交するのです。「仇を覚える」と宣言してから双方は口を利かず、無視し合い、短い時には十日から半月、長い時にはそれを一年以上続けるのです。ある人たちはこれで何十年も交流がなかったそうです。クラスに「地主」の息子がいて、毛筆の字がとても上手でしたが、クラスの数人と彼が「仇を覚える」関係になって、私は彼のお陰で本当に難儀しました。

「南蛮っ子、北訛りの子、お前ら幹部学校の子は北訛りで、聞きにくい！」と同級生は私の標準語をバカにしました。井の中の蛙[17]で、子供でさえ「唯我独尊」だったのです。

余及方という同級生は十里塘の町に家があり（他の多くの同級生は「湾」の中に住んでいました）、家はまずまずの暮らしでした。彼の姉は中学を卒業して故郷に戻り、町では有名な美人でした。うりざね顔で、顎は細く、眉は細くて目は大きく、笑うとえくぼが二つでき、背はすらっと高くて彼女がいるところには鈴のような笑い声が響きました。

XX徳の家は町の側で、父親はアルミの鍋や台所用品を作る家庭工場を営んでいました。私は彼の家に行ったことがありましたが、高くて大きな部屋には何の家財道具もなく、黒い漆塗りの棺桶が大きな部屋でかすかな光を発していて私を大いに驚かせました。後にそれは彼の家の年寄りが生前から準備した棺であることを知りました。彼の家の大きな白い犬はとても凶暴で、主人以外の人間には吠え、いつも私に牙をむくのでした。

湾に住んでいる同級生が一匹のヤマネコをくれました。その日、彼は学校まで布袋に入れてそれを持ってきたので、私は袋ごとカバンに入れました。学校が終わると私は興奮して家まで走り、途中でヤマネコはカバンの中で「ニュアニャア」とずっと鳴きました。次の日目が覚めるとネコが見当たりません。急いで学校に行ってその同級生に「昨日君がくれたネコが……」と言いかけ、「いなくなった」を言う前に彼が笑って「あいつ、走って戻ってきたよ！」と答えました。おかしいではありませんか、ネコは二重、三重にも包まれていて、地面を歩いていないし、犬のようにおしっこで印を残しているわけでもありません。それなのに数里も遠い家に帰れるのでしょうか。正に「老いネコ、道を識る」ということなのでしょうか。

私は町にある日用雑貨の小さな店をよく訪れていましたが、そこで許昌産の「猪油糕」というキャラメルや、砂糖のついたクッキーをよく買っていました。「五七」小学校が軌道に乗ってきたので、私は十里塘小学校で一年学んでからまた「五七」小学校に転校しました。

四　「五七」小学校

「五七」小学校は元の労働改造農場の一角にあり、真っ黒な大きな門からここに入ると四方は灰色のレンガの平屋で、その真ん中に広い空き地がありました。門の上には二層になった門塔がありました。大人に連れられ初めてここに来た多くの子供たちは皆この門塔に登り、その上の窓のところにある一挺の木製の機関銃の支えを見つけたものでした。空き地は元々囚人たちが集合し、運動する場所だったことがこれでわかるでしょう。黒い「銃口」を目にして、労働改造所の囚人たちは無産階級専制下の圧力を大いに感じたことでしょう。木製の機関銃の支えは彼ら「階級の敵」を「ただおとなしく服従させ、決してみだりにしゃべったり動いたり」させぬよう圧力をかけていたのです。

四方の平屋は私たちの教室になり、囚人たちが運動した空き地は私たちの運動場となりました。私たち小さな「五七」戦士は、監獄を改造した教室で勉強しました。同い年の子供が少なかったので、ある時期には授業を二部制にして二つの学年が一つの教室を使いました。まずある学年が授業をしている間、別の学年は予習をしたり、ある学年に宿題を与え、その間に別の学年が授業をするといった具合でした。

印象深かったのは外国語の授業でした。外交筋の子弟に対し、見る目のある大人は私たちに早い時期に外国語に接しさせようとしたので、小学二年生から英語の授業を開設し（当時北京の学校でも不可能なことでした）、外語大学を卒業したばかりの人材を外国語の幹部教師にさせたので、教材と発音は規範に基づいたものでした。ＡＢＣから始めましたが、惜しむらくは私は早い時期に英語を勉強したのに、未だにＡＢＣのレベルです。本当に時間の無駄遣いをしたものです！

国語の方先生は天津の出身で、長い顔に耳の所で切りそろえた髪で、セルロイド枠のメガネをかけ、話し方がおとなしくてゆったりしていて、ユーモアがあって粋な人でした。彼女は北京語の「脚巴Ｙ子」[18]という言葉がわからない様子でした。「脚Ｙでいいのよ、どうして脚巴Ｙ子でなければならないの？」と。私は文章を書くのが好きだったので、彼女は私に関心を持ってくれました。しかし先生は同級生の陳延平にはもっと目をかけていて、彼がとてもよくできる子で、物事を慎重にやり、勉強も行ないもよいとほめていました。方先生は確かに人を見る目がありました。でなければ彼が今政府機関センターで大きな仕事をできるわけがありません。（編者注：陳延平は現在、中国国際貿易センターの副理事長を務めている）。

でも方先生にはわかっていないこともありました。学校で朝鮮映画の『花満開の村』[19]を上映した時、方先生は映画の中で農村の女社員がはいていたスカートやハイヒールが羨ましくてならないようでした。「見て、あの農民は畑仕事にも革靴をはいているわ。私たちもあんな風になれたらいいわねー」と言っていたのですから。

国語のほか、方先生は授業の合間に私たちに自作自演の「時事問題演劇」を演じさせました。家族に会いに来た「五七」戦士の家族（どこかの歌舞団に所属する舞踊家）

に頼んで私たちに動作を付けてもらいました。さすがに正式な教育を受けただけあって、ある動作でも彼女がすると他とは全く違っていました。

沈先生[20]はメガネをかけて痩せた男の先生で、元々は私の姉を教えていました。彼は県の中学で幹部学校の子女の補導員をしていました。私が書いた毛沢東の著作に学ぶという原稿を読んで「この子はものが書ける！」とほめてくれました。一年生になったばかりのころ、「毛主席の著作を学んで実生活に活かす運動」が最高潮に達した時、上は七十歳のおばあさんから、下は赤ちゃんまで毎日会議を開き、皆何がしか文を書いていたものでした。原稿を書く標準的なやり方は、まず千篇一律に毛語録を少し引用し、それが何ページに載っていたのか明記し、その後少し事例を出してそれをどう生活に活かしたかを記します。例が多ければ多いほどよく勉強している、ということになります。私はうまく書けないのでいつも姉に助けてもらいました。普通はこのように書きます。「ある時、私は一人のおばあさんが苦労してカゴ一杯の野菜を携えていたのを見て、毛主席の教えを思い出しました。全身全霊で人民のために奉仕せよ！と。私はすぐにおばあさんの所に駆け寄ってカゴを受け取ると、おばあさんは感動の面持ちで私に言いました。あなたこそ毛主席の小さな赤い兵隊さんだよ！」とか「宿題をするのに疲れた時、毛主席の教えが私の耳元でこだましました。気持ちをしっかりもち、犠牲を恐れず、万難を排除し、勝利をかち取れ！と[21]。この時私の全身に力がみなぎり、すぐに宿題をやり終えてしまいました」といった具合です。

ある時、「五七」小学校では時事政治の試験をしました。なぜ世界革命の形勢はずっと良好なのか書きなさい、というものでした。私はパナマ人民が運河地域を回収することの主張からパレスチナ人民がイスラエルのユダヤ復国主義に反抗する闘争、またベトナム人民がアメリカ帝国主義の侵略に対抗したことから、ソ連修正主義の社会帝国主義は我が国を滅ぼさんとする考えを捨てていないということまで、全て出まかせですらすらと二篇にわたって書きました。

当時は革命の伝統的教育も行なわれていました。ある時、学校は抗美援朝に参加した老兵士の陳興農を招いて演説会を催しました。午後にはもう、彼が何を話していたのか私は覚えていませんでしたが、朝鮮人民軍が老毛子（旧ソ連を指す）から学んだ戦法は、塹壕を掘らずに銃を構えてひたすら前進せよだった、というのだけは覚えています。中国と朝鮮人民は同一塹壕の戦友だと言うけれど、潜り込んでいたのはもともと私たち志願軍の掘った塹壕だったのです！

「五七」小学校の陸校長は温和で親しみやすい老同志で、ふさふさした銀髪は一糸の乱れもありません。ある時全校大会で陸校長は苦さと甘さの弁証法的関係を説明するため、大きな声でみんなにたずねました。「飴がおいしいか、それとも薬がおいしいか、どっちだろう？」彼の話しは南方のなまりが強く、みんな「薬」を「肉」と聞き間違えてしまい、一斉に「どっちもおいしいでーす！」と答えました。何度聞かれてもそう答え、校長はどうしようもなくなりました。

クラスの同級生の連鋼は、父親がベトナム大使館で経済援助の仕事をしていて、「抗美援越」の物資のほとんどは彼の父親の手を経たものでした。

蒋盛敏は文革前に出版され、当時批判の対象となっていた『紅旗飄飄』を手に持ち、「蒋克定将軍（注：彼の父親。新四軍か東江縦隊かは定かではない）は、一九四五年八月某日、某地にて日本軍の投降を受け入れる」というページを私に見せてくれました。それでたちどころに私の彼を見る目が変わりました。また彼は自動で開く傘や、折り畳み式の望遠鏡などの舶来物を持ってきて私たちを開眼させ、羨ましがらせて、得意満面の様子でした。

物質的に極度に貧しかった時代、ある日私は兄が小さいころ着ていた革のジャンパーを着ていました。人目を引かないように、外にもう一枚緑色の上着を着ていたのですが、それでも見つかってしまい、はやし立てられました。

五　「革命京劇」を歌う

「朔風吹き、林涛吼ゆ」、「行くに臨（のぞ）みて喝（の）む媽（はは）の一碗の酒！」「穿（つきぬ）ける林海、跨ぐ雪原」「渾身（ぜんしん）是（こ）れ胆ったま雄赳赳（たけだけし）！」「学ばねばならぬ那（か）の泰山、頂上の一青松！」「共産党員は時刻（いつ）でも召喚に聴き従う！」[22]これら革命京劇の伝統的な台詞は、あの年代を生きた人たちには皆耳馴染みのあるもので、当時大人も子供も歌えない者はいないくらいでした。

私の革命京劇の歴史は学校に上がる前に遡ります。「文革」の嵐が巻き起こると、「文攻武衛」[23]のほか、所謂文化的生活、つまりは舞台演劇、ラジオ放送、新聞の宣伝の類はすべて「八つの革命京劇」となりました。私は楊子栄、少剣波、李玉和、郭建光[24]など革命の英雄人物のひとくさりが歌えるようになり、また刁徳一、胡伝魁[25]などの悪役も演じたことがありました。しかし子供のころは帽子を斜めに被ることさえ許されず、ましてや悪役を練習するなどもってのほかでした。悪いことほど容易に覚える、というわけです！　そういうわけで、革命の英雄人物の歌が私の十八番になったわけです。歌うのなら主役の二枚目で、背が高くて体が大きく、毅然とし、気風正しく、堂々としている役です。大山や李勇奇[26]が演じる歌は歌いませんでした。こんな具合でバスの中でも歌い、私は兄や姉と共に車の中で毛沢東思想を宣伝したり（毛主席語録を音読したり、革命京劇を歌ったりした）、会合で歌い、家に客があると歌い、幹部学校に行く前から私の「歌唱力」はかなりの水準になっていました。

幹部学校での初めてのお披露目は、「五七」小学校の準備大会（編者注：十里塘小学校ではすでに名を上げていた）で、五年生の王家駟[27]がまず舞台で英雄人物（たぶん楊子栄）のひとくさりを歌いました。前から彼の歌のうまさには定評がありました。その後私が歌ったのですが、何を歌ったのかもう思い出せませんが、とにかく拍手の音がすごく、一回で大成功を収めたのでした。それからというもの、幹部学校では何か会合があると私に歌わせるようになりました。「懇親会」ではアンコールを要求され、幹部学校の大人から子供まで私を知らない者はいないというレベルにまで有名になってしまいましたが、王家駟はそれからもう歌うことはありませんでした。今から思うと当時の私の歌など大したものではなかったでしょうに、「五七」戦士たちの余暇の文化生活があまりにも単調だったので、歌を聴くだけでみんな肉体的疲労や心の苦痛をしばし忘れることができ、彼らの生活のカンフル剤になっただけなのです。称賛や喝采の中で、私は少し有頂天になっていました。戈おばさんも私を北京の演劇学校に紹介したいと言っていました。彼女は私の「ボーイズソプラノ」が好きだったのです。結局演劇はものに成らず、声変わりしてしまい、もう李勇奇の役さえ歌えません！

ある時、学校での演芸が夜九時にひけた時、私は顔の化粧もきれいに拭かず、月の光をたよりに学校から第三中隊に帰る轍だらけの道で、柳の葉がサササと鳴るのを聞きながらマメ畑の怪談である「人だま」を避けて、急ぎ足で第三中隊に向っていました。家に入ると、父が私を待っていました。父は、「今日お前の歌はいつもほどよくなかったな。歌い終わっても立ちつくして動かなかったのは、拍手が聞きたかったからか？」と言いました。頭から水をかけられたように私は目が醒める思いがしたものです。

六　学校本部

父は学校本部の生産部に転勤となり、私は両親と共にまた学校本部に引っ越ししました。学校本部は緑が豊かで、基礎施設もよく、講堂、大食堂があり、二階建ての小さな建物は「第二工場」（真空管工場）でした。工場に配置されたのはみんな家族と共に幹部学校に来た「知識青年」で、製品は城関にある「第一工場」（制釘工場）より技術的に勝っていました。幹部学校は自ら十八メートルの高さの貯水塔（私たちは終に池の水を飲む歴史に終止符を打ったのです）を作り、貯水塔の下は給湯室と風呂場でした。

北は広いブドウ畑で、もう少し行くと赤レンガと灰色の瓦の住居棟が立ち並んでいました。講堂の周囲にある灰色レンガの平屋は、労働改造農場の跡地で、ここには幹部学校の各行政部門や購買部（母が働いていた所）があり、ワンマン郵便局（県人民郵政の学校支局）が手紙や小包の管理をしていました。県の新華書店の移動販売の車が不定期に本を売りに来ていたので、私は『艶陽天』『沸騰群山』『山崗上の星』『芬芬はなぜ髪を剃ったか』[28]などの小説や子供の本を買い、真っ赤な「羅山県新華書店移動販売車専用」のハンコを押してもらいました。

講堂の西側にあるセメント敷きの広場は第三中隊よりかなり大きく、夏の夜はそこでよく映画を上映しました。東側は「五七」小学校と第四中隊で、大型機械（「東方紅」七五、「豊収」五五、解放ブランドのトラックと農業用コンバイン）の置き場や馬場、種豚の飼育場もありました。

一度種豚の飼育場に行ったことがあります。場所は第一中隊のところで、そこの太って大きい種豚はゆうに三メートルもあり、十里八湾の人たちは皆自分の家のメス豚にタネをつけて欲しがっていました。

学校本部の南には大きな桃畑があり、夏の終わりには、甘いのも甘くないのも一緒になった桃が購買部前の空き地に山のように積まれていました。母は食事も満足にせずに桃を売りに行き、みんな洗面器を持って買いに来ました。

私の家は学校のどの位置にあったのかあまり覚えていませんが、ある人たちとある出来事だけははっきりと記憶しています。「坊や、もち米団子の煮え時がわかる？」とうちの隣に住んでいた第二工場の若い女工さんが聞きました。「浮き上がってきたらいいんだろ？」と私は答えました。私は自分でやったことはありませんでしたが、大人が話していたのを聞いたのです。この日は何の日だったのか覚えていませんが、家々では皆、購買部からもち米団子を買っていました。

「新しいズボンを破って台無しにしたら誰だって怒るでしょう！」私が寝床の端でうつむいて緑のズボンを繕うのを見て、母は怒って叫んだものです。くだんのズボンは、私が穿いて一時間もたたないうちに鉄条網で「Ｌ」字型の大きな穴を開けてしまったのです。「もういい、もういい、坊やも悪かったってわかってるから繕ってるんでしょうに！」と李瑛おばさん（母と一緒に購買部で働いていた）がなだめても母の怒りは消えませんでした。というのも、あの頃は一尺の布地を買うのに三寸の綿布の配給切符が必要だったのです。

この夜、空き地の映画館では『地道戦』[29]を上映していました。何度見ても興味津々で、陽が西に沈むと私たちは家から腰かけを持って場所取りをしました。開演一、二時間前にもうスクリーンの前は腰かけや椅子が一杯に並び、後から来た人は後ろ側に座らねばなりません。私は時々場所取りに失敗し、開演直前になってようやく到着しました。すると「早く！　ここだよ！」と友達の呼ぶ声がします。彼らは私の席をとっておいてくれたので私は喜んで一番いい席に座りました。「ご覧よ、まるで田舎の皇帝さんみたいだよ！」後ろから第二工場の工員たちの声が聞こえます。田舎の皇帝であろうと外国の皇帝であろうと映画を見てこそ皇帝です！

学校本部には豊かな文化生活がありました。例えば映画、(中国映画では『地道戦』『地雷戦』『小兵張嘎』『奇襲』『侵略者を倒せ』『智取威虎山』『紅灯記』『沙家浜』を見ました。外国映画では『花開く村』『阿福』などです[30])。バスケットボール、卓球……卓球と言えば、セメントの台では満足できない第二工場の若い工員は自ら手作りで「卓球専用台」を作りました。まず木製の台に膠を塗り、一枚一枚布をかけて、やすりをかけてから緑の塗装をして線を画けば幹部学校で一番「ニュー」な卓球台の完成です。またどこからか一部屋さがして来て、それを卓球室にしました。工員たちが卓球をしている間、私たちはそれを眺め、彼らがやめると私たちはわっと集まって

「プロの感覚」を味わったのでした。

「反革命分子XXXは革命家庭の出身ではあったが、長期にわたって世界観の改造をゆるがせにし、腐敗した資本家階級の生活方式を追求した結果……」これは学校が召集した現場批闘大会の「批闘詞」です。この言葉の意味が理解できる人がいるでしょうか？

私はここで幸運なことに北京から視察に来た指導者を見ることができました。彼は黄色の毛織物のコートを羽織り、足元はピカピカの革靴を履き、髪は油をつけて七三に分け、肌の色は白くてピンク色をして、何人かのお供をつけて立派ないで立ちでした。「ボロボロの綿入れを着て上海印の腕時計をつけ」たガツガツの「五七」戦士たちとは大きな違いがありました。

桃畑の緑豊かな場所に新しい墓があり、南面に「熊本林同志之墓」と記された墓碑がありました。彼は抗美援朝に参加し、元々は農場の番人でしたが（私と彼の娘は同級生でした）、食中毒となり、救急処置をしたものの亡くなりました。彼は生産隊に所属していたので救急処置と死後の始末（着衣を整えて納棺し埋葬することを含む）を父がじきじきに行なったので、帰ってきてから感慨無量の面持ちでした。それから何日か夜に寝床に入る時、熊さんのあたたかい笑顔が目に浮かび、彼がたった一人きりで守った桃畑や、桃畑の中の新しい墓のことを考えると、何度も寝返りを打っても眠れず、体中から冷や汗が出ました。（編者注：熊本林は第三中隊の南側にある「六十ムーの大地」の端に埋葬され、それは劉俊青と同じ墓地であった。熊本林が埋葬された時、編者はその場にいた。熊本林の息子の熊少強と編者は同じクラスの同級生だった。私たちの記憶は違っている）。

その数年間、私はほぼ毎年夏になると眼の病気を患い、眼が赤くなって痒くてものが見え辛く、信陽に行って診てもらっても好転しませんでした。ある日、医者の言いつけに従ってサングラスをかけて母親と一緒に信陽の町を歩いていたら、道ですれ違ったおばあさんに「年端もいかないのに悪いことを覚えて！」と口をゆがめて言われてしまいました。

幹部学校ではびくびくして過ごし、眼の病気もなかなか治りませんでした。このようなわけで、一九七二年のある春の日、私は三年近く生活した羅山幹部学校を母親と共に後にし、北京に帰ったのでした。

七　後記

朝、人込みと共に北京駅を出て、川のように途絶えることのない長安街の車と自転車の流れを見ていると、貧しく辺鄙な片田舎で過ごした私の少年時代はもうどこに行ってしまったのかわかりません。時はもう四十年近く過ぎてしまったのです。とりとめなく以上の文を書きました。ある記憶はぼんやりとしていますが、決していい加減な作り話ではありません。

【左から王耀平、沈克勤（先生）、隋建輝】

段小鷹（だん・しょうおう）：油絵画家。一九六〇年一月生まれ。一九八六年から経済貿易部の雑誌『国際経済合作』の美術編集を担当した。一九六九年一一月から一九七二年の春まで河南省羅山対外経済委員会「五七」幹部学校小学校で学ぶ。そのうちの一年間を十里塘小学校で過ごす。
本文は二〇〇七年夏の段小鷹のブログからの転載である。

1 一華里は五百メートルだから、十華里は五キロメートル。

2 「山には銀蛇舞い 原には蝋象馳（かけ）り」。雪に覆われた山や景色の美しさを形容する言葉。出典は毛沢東の『沁園春・雪』。

3 「切妻型の屋根」の原文は「山」で、中国伝統の人の字形の屋根の両側の壁。

4 「欧陽海」は中国人民解放軍の班長。大砲を積んだ馬が鉄道線の路上で暴れたので、馬を線路の外に押し出し、旅客列車の事故を防いで殉職した。金敬邁著、伊藤克訳『欧陽海の歌』（一九六六年、徳間書店）がある。

5 「引き上げ」の原文は「上調」で、首吊りを意味する「上吊」と同じ発音。

6 「隋建輝（ずい・けんき）」は、第一〇篇にも出てくる。兵器工業部の巡視員となった。一〇六頁の写真を参照されたい。

7 「ボルガ」は、旧ソ連の一九五七年から七〇年にかけてＧＡＺ工場で生産された、中型のセダン。もっとも快適でステータスの高い自動車であった。

8 「大休」とは、十日働いてのちの休日のこと。

9 「顧長衛（こ・ちょうえい）」は、一九五七年生まれ、陝西省西安出身の映画監督。一九七八年北京電影学院撮影系に入学。張芸謀、陳凱歌、田壮壮などと同学。長く撮影監督を務めていたが、二〇〇三年に『孔雀 私の家の風景』で初監督をし、ベルリン映画祭で銀熊賞を受賞する。

10 四人で遊ぶトランプゲームの名前。

11 「Ｈ５Ｎ１型」は、鳥インフルエンザウイルスで、鶏に対しては致死性が高い。一九九七年に香港でヒト感染が確認された。

12 「周党畈」は、地名。周党は河南省羅山県の東南部に位置する。民国時代から周党畈となった。

13 「私たちの事業を導く核心的力は中国共産党であり……」は、『毛主席語録』の第一「共産党」にある言葉。

14 「九大」とは中国共産党第九次全国代表大会のこと。一九六九年四月に開催された。

15 「五大金剛」と「四人組」の主なやり手とは、林彪の四大金剛のうちの黄永勝、呉法憲それに林彪の妻の葉群を加えた三人。「四人組」の主なやり手とは、江青、張春橋、姚文元の三人。

16 「座山彫（ざ・さんちょう）」は、革命現代京劇『智取威虎山』に出てくる山賊の頭の名前。『智取威虎山』の原作は、曲波の長編小説『林海雪原』である。この小説は、一九六二年に飯塚朗の訳がある（平凡社、中国現代文学選集）。

17 「井の中の蛙」の原文は「坐擁中原」。ここは、居ながらにして中原を手にするという意味で、世間のことを知らない態度を言っていると思われる。

18 「脚巴Y子」は、「脚（あし）」のこと。下の「脚Y」も、あしのこと。

19 『花満開の村』の原名は『戦禍盛開翟村庄』。金英浩監督の朝鮮映画。村が小康状態になったとき、金永山とその二男が華美な生活に堕すが、長男が復員して帰郷して、その風紀を正すという映画。一九七二年に長春映画製作所で吹き替えが作られた。

20 「沈（しん）先生」は、一〇六頁の写真を参照されたい。

21 「気持ちをしっかり持ち……」の原文は「下定決心、不怕犠牲、排除万難、去争取勝利」。これは『毛主席語録』の「十九、革命英雄主義」にある言葉だが、もともとは一九四五年六月一一日の『愚公移山』の中の言葉である。

22 「朔風吹き、林涛吼ゆ」は『智取威虎山』の少剣波の唱。「穿（つきぬ）ける林海、跨ぐ雪原」と「共産党員は時刻（いつ）でも召喚に聴き従う！」は『智取威虎山』の楊子栄の唱。「行くに臨（のぞ）みて媽（はは）は喝（の）む一碗の酒！」と「渾身（ぜんしん）是（こ）れ胆（きも）ったま雄赳赳（たけだけし）！」は『紅灯記』

の李玉和の唱。「学ばねばならぬ那（か）の泰山、頂上の一青松！」は『沙家浜』の李建光の唱である。

23 「文攻武衛」とは、もともとは攻撃するときには言論でし、正当防衛で守る時のみ武力を使う、という意味だが、後に毛沢東夫人の江青が演説の中で発した言葉として文化大革命のスローガンとなった。文章で攻撃し武器を使う時は守りのときのみ。

24 「楊子栄（よう・しえい）」は『智取威虎山』に出てくる主人公で、中国人民解放軍某部偵察小隊長。「少剣波（しょう・けんは）」も『智取威虎山』に出てくる三十六名を率いる追撃隊隊長で、威虎山の盗賊座山彫を滅ぼす。「李玉和（り・ぎょくわ）」は、『紅灯記』の主人公で、鉄道ポイント切り替え労働者。「郭建光（かく・けんこう）」は、『沙家浜』の主人公で、新四軍某部指導員。

25 「刁徳一（ちょう・とくいち）」は『沙家浜』に出てくる忠義救国軍の参謀長。「胡伝魁（こ・でんかい）」も『沙家浜』に出てくる忠義救国軍の司令官。

26 「大山（だいさん）」は、『紅灯記』に出てくる、李鉄梅（り・てつばい）のおじ。「李勇奇（り・ゆうき）」は『智取威虎山』に出てくる夾皮溝の林業労働者。

27 「王家騆（おう・かし）」は、第五篇に出てくる王家驄の弟。

28 『艶陽天』は、浩然の長編小説。一九六六年。伊藤克訳が一九七四年から七五年にかけて青年出版社から出ている。全八巻。また「うららかな日」と訳された林農監督の映画もある。『沸騰群山』は、李雲徳の小説。一九七二年。一九七六年に北京電影の干学偉、李偉、陳方千監督により映画になっている。『山崗上の星』は、任大霖の一九六二年の作品。少年児童出版社。『芬芬はなぜ髪を剃ったか』は、正しくは『芬芬はなぜ髪を剃りたかったか』で、楊振文作、一九七八年少年児童出版社。

29 『地道戦』は、一九六五年任旭東監督の抗日映画。河北省の高平庄という村の高伝宝が、村長の残した毛沢東の『持久戦論』を活用して、地下道を作り、日本軍と偽軍を打ち負かす物語。文革中の三大抗日映画の一つ。

30 『地道戦』は、注29を参照。『地雷戦』は、一九六二年唐英奇監督の映画。一九四二年の山東省膠東地方の趙家庄の民兵・趙虎が地雷で日本軍を撃退する話。実際にあったとされる国民的英雄・孫玉敏がモデルの玉蘭や、于化虎がモデルの趙虎などがでる。文革中の三大抗日映画の一つ。『小兵張嘎』は、一九六三年崔嵬監督。河北省白洋淀が舞台。一級戦闘英雄・燕秀峰がモデル。一九六一年の徐光耀の小説が原作。『奇襲』は、一九六〇年許又新監督の映画。朝鮮戦争で中国人民志願軍の方中隊長が偵察隊員を率いて橋を爆破して敵の退路を断ち、朝鮮の遊撃隊と大衆の援助のもと勝利を収める。『侵略者を倒せ』は、正式名は『ベトナム人民が米国の侵略者を打ち倒すのを支持する』で、一九六五年の集団監督により作られた。『智取威虎山』は革命模範劇の映画で一九七〇年に完成した。一九四七年冬の東北が舞台。第二〇三分隊隊長・少剣波が偵察員の楊子栄を使わして、座山雕という山賊を滅ぼす話。『紅灯記』は、一九七一年革命模範劇を映画にしたもの。李玉和一家三代の地下工作の話。遊撃隊に秘密の電報暗号を届ける。成蔭監督。『沙家浜』も革命模範劇の映画。一九七一年。原作は「蘆蕩火種」で、汪曾祺ら四人の作。江南の新四軍の郭建光が傷病兵十八名を引き連れ沙家浜に療養に来る。地下工作員の阿慶嫂の働きで安全に帰隊する。『花満開の村』は、注19を参照。『阿福』は一九六九年に作られたベトナムの映画。一九七一年に中国人民解放軍八一電影製片廠から吹き替えがつくられた。一九六五年から六六年にかけての南ベトナムが舞台。十二、三歳の阿福が侵略してきた米軍基地を仲間と共に爆破する話。

第九篇　子供のころの政治の嵐

馬征

　私は両親とともに三年間羅山で生活をしました。羅山県は「五七」幹部学校が集中していたところです。私は一九六九年末に羅山に行き、その時僅か九歳だったことをはっきりと覚えています。北京の町中で育ったので、両親とともに幹部学校に来てはじめて身近に農村の生活に触れたのです。その後、私は幹部学校で血の滴るような残酷な政治闘争を経験し、人生において一生消えない烙印を押されたことも事実です。羅山のことを振り返ると、拭っても拭いきれないような思いがあります。

　公務のため、私は合肥[1]で長らく働きました。ある日友人としゃべっていて羅山での話しになり、友人は私に、合肥から羅山までは三百キロくらいだが、今は道路がよくなって三時間あまりで到着すると教えてくれました。そこである仲春[2]の連休に友人を伴って、長い間望んでいた原点に戻る旅をしたのです。

　車が安徽省の六安を過ぎると、道端の景色は記憶の中の羅山にどんどん近くなってきました。延々と続く丘陵の中、高い所に咲いている菜の花の鮮やかな黄色が人の目を惹きます。くぼみのレンゲソウの淡い紫色が霞のように漂っています。車は葉集[3]を過ぎ、河南省に入り、固始、潢州……一つ一つ、聞き覚えのある地名ですが、目に入るのは現代化した街や大きな工場です。このあたりは湖北省、河南省、安徽省の根拠地があった所謂熱い土地でしたが、今や貧困の代名詞ではなくなっていました。私は思わず心の中で問いかけます。羅山よ、お前もすっかり様子が変わってしまったのだろうか？

そうです、羅山は変わりました。私たちが県の町に入ると、昔の面影は全くありませんでした。もし町の城門の河べりにあの古い橋がなければ、私はどうやってここがあの羅山だと信じることができたでしょうか？ さすがに三十年たつと、昔の土の道は三一二国道と、開封から武漢までの高速道路に変わってしまっていました。現在建設中の寧西鉄道が通り、隣の潢川県で京九鉄道に接続する羅山は、重要な交通の枢軸となりました。

県の町には当時私が数えきれないほどの週末に（編者注：十日に一回大休があった）六華里にわたる[4]田舎道を通って行った「町の大市場」もなくなっていました。おかず屋には腹の中に調味料を詰めた一斤四十銭のおいしいすっぽんもなく、道端の屋台で空腹を満たしてくれた大婉五銭のもち米団子汁（幹部学校では、まだ大人になっていない若者が続けて七碗も食べ、胃に穴があいて死んだことがありました）もありません。当時一番目を引いた町の百貨店は今や大スターの広告が張りめぐらされ、現代化した商店街の中にみにくいアヒルの子の如く居残り続けています。羅山よ、私はお前の発展を喜んではいるが、私の幹部学校、私の子供時代の思い出をお前はまだ覚えているだろうか？（編者注：劉俊青は内モンゴル生産隊で胃の病気にかかり、母親の常明徳とともに羅山の「五七」幹部学校に来た。十日に一度の休みに夏勝利、王元玲など幹部学校の子弟と県の町で団子汁を飲んだ。帰ってから胃に異常を感じたが、米の飯をお椀に一杯食べ、その夜に胃に穴があき、県の病院に運ばれたが為すすべもなく死亡した。僅か十九歳だった。後に共産党青年団員と認められる。第三中隊南側の墓地に埋葬された。当時、編者は追悼会に参列した。時は一九七〇年[5]）。

私は記憶に頼って子供のころを追い求める計画を放棄しなくてはなりません。母は、私が羅山にいると聞いて意外に思ったようでした。彼女は幹部学校があった正確な地名は思いだせなかったものの、幹部学校が県の町の古い橋と同じ方向にある道路端にあったことは覚えているようでした。母は、労働改造農場と言えばその地の人間は皆知っていると断言しました。母のくどくどとした言葉の中で一番言いたかったことは、幹部学校の今の状況を知りたいという強い思いでした。

労働改造農場、つまり幹部学校は、後に政治的な風刺の対象として有名になりました。しかし我々の幹部学校がすでに犯罪人たちが解放された後の農場に建てられたことは確かな事実であり、そのためにその土地の農民は長い間ずっと好奇な目で私たち北京から来た「労働改造犯」を眺めていたのです。そいつらは誰も護送するものがいないのに、極寒の中、はだしで粘土池に入り、建設に使うモルタルを撹拌するのでした。そいつらは誰も叱らないのに、耳をつんざかんばかりの大音響のラジオに合わせ心ゆくまで忠の字踊り[6]を踊るのです。そいつらは家族があるのに集団の賄いを食べていたのです。そいつらはぼろぼろの服を着ていましたが、買い物をする時は値切りませんでした。それゆえ土地の人は即興のはやり言葉で、「五七戦士はいいな、身にボロの綿入れを着ていても、手には時計で、腹いっぱい」と言ったのです。たぶん土地の人たちは「腹いっぱい」ということを本当に羨ましく感じていたのでしょう。言葉のなまりが違うこと以外に、幹部学校の子供たちの肌つやは、現地の子供たちよりもずっとよかったのです。

もし後の「五一六」分子の徹底調査の運動[7]がなければ、幹部学校は本当に子供たちの天国でした。私たちは昼は泳ぎ、魚を捕まえ、ミズヘビを釣り、水牛に乗り、夜は巣の鳥を捕まえ、カエルを突き刺し、かくれんぼうをして遊んでいました。オス豚にまたがって誰が一番豚の背に長く乗っていられるか競い合ったのが一番楽しかった思い出です。一日中遊びまわり、まるで野猿のように汚れても叱られませんでした。「ここは農村だからしょうがないよ」という一言がよい隠れみのになっていました。私たちは町中では発揮できなかったわんぱくぶりを全てここで発散しました。もちろん学校に行って授業も受けましたが、当時は農業が主な授業だったので、繁忙期には畑に出て仕事をしました。麦と稲では刈るときのコツは違い、苗を抜くときは根にかける力加減も大切です。また注意深く白い毛の生えたヒエを摘み取らなければなりません。これらの農作業に精通したとまでは言えませんが、大いに働きました。ただ当時の農作業の辛さも歳月とともに薄れ、田んぼで苗馬[8]に乗りながら水合戦をしたこと、麦刈りの時、驚いた野ウサギを両足で挟んだこと、田んぼで拾った小さな卵が布団の中で孵ったらそれはウズラであって蛇ではなかったこと！、などが私の記憶の中で蘇ります。ああ、こんな幸せを今北京の子供たちは味わうことができるでしょうか？

しかし一九七〇年に「五一六」分子の徹底調査の運動が始まると、全ては変わってしまいました。立派な共産党員であった私の両親は一夜にして組織の中で排除されるべき悪質な重要人物となってしまい、集会所になっていた講堂では両親のことが書かれた壁新聞が会場いっぱいに貼りだされました。学校では全クラスの生徒を連れだしてその壁新聞を見に行き、私たちに闘争の大きな方向性をわからせようとしました。私はその時、壁新聞の内容はわからなかったのですが、両親の名前が上下逆にバラバラに書かれ、その上に赤で大きなバッテンがついているのが見て取れました。講堂の長い廊下に貼ってある壁新聞の半分は実に私の両親に対するものでした。その時の私の恥ずかしさ、私の孤独、私の狼狽は今でも何と表現していいものやらわかりません。そのことがあってからある夜、何のことだったか覚えていませんが、母が私に何か小言を言うと、私は気が狂ったライオンのように反革命を倒せ！と叫びながら頭から母の体に突進しました。母は私の造反に少しも手加減することなく二回平手打ちをくらわせ、父がげんこつで私を殴ると、私はもう抵抗できなくなりました。毛沢東が発動した家庭革命はこのようにして残酷に鎮圧されましたが、「北斗星を見上げる」[9]の旋律は私の心に響いていました。次の日、同級生たちは私の顔の傷跡を見て、皆よろこびました。私は終に父母と一線を画し革命の真っただ中に立ち、十歳の子供たちは新たに大連合を作ったのです。

それから間もなく、誰だかわかりませんが、壁新聞が貼ってある長い廊下がかくれんぼうをするのに最適だと発見しました。激情にあふれた地面まで垂れさがった壁新聞は私たちの小さな体を隠すのに十分でした。さらに、その場で資材を調達した紙は、私たちのパチンコ[10]の次々と絶え間ない銃弾となりました。大人たちの遊びは、再度子供たちに天国を作ったのでした。ある日、先生は私を校長室に呼び、私が遊びに乗じて、もっぱら革命的大衆が私の両親を批判した壁新聞を破壊していると、同級生たちが摘発したと告げられました。私は本能的にすぐにそれをきっぱりと否定しました。この証拠のない事件は、最後にはうやむやになってしまいましたが、このことがあってから、講堂の管理が厳しくなり、私たち子供たちは万に一度も入れなくなりました。

すでに立ち上がって造反した革命青年を守ってこれ以上踏みにじられないようにするためだったか、或いは他の理由からか、私の母と父は前後して隔離審査され、もともと体を入れ替えられないほどの狭い家に、ただひとりぼっちの私が残りました。漆黒の夜に私は何が恐怖というのかを知りました。革命理論に武装された私は、別階級に属する両親に冷ややかに向き合う勇気はあったものの、夜中の風の音、ネコや犬の鳴き声、ネズミの攻撃にはお手上げで、カエルやコオロギの合唱でさえ以前ののんびりした音には聞こえませんでした。私は両親の鼻息でさえ子供にとっては安全の印であることをこの時初めて知りました。ある暑い日の正午、家には一滴の水もなく、私は桶を下げて井戸に水を汲みに行きました。私はまだ揺れる桶をしっかりと使えなかったので、桶を井戸に落としてしまいました。ちょうど何をどうしていいのかわからず一人で困っていたところ、遠くから母がこちらに護送されて来るのが見えたので、私は一切顧みず、泣きわめいて突き進み母に助けを求めました。母は私が桶をすくい上げるのを手伝い、また私にどう水を汲むかを何回も何回も教えてくれました。母は、お前はもう大きいのだから自分の面倒は自分でみなければいけないと諭しましたが、私は大きな口をあけて泣きながら、母に家に戻ってほしいと言い続けました。母はもう何も言わず、ただ水を一桶汲むと黙って立ち去りました。その日の夜、拡声器は大きな音でよい知らせをもたらしました。母が素直に白状したと言うのでした。それからしばらくして、母は布団の包みを抱えて呆然として家に帰ってきました。何年かの後、私はやっと知りました。母は拷問されてもひるまず、夜中まで続く何日何夜もの尋問中でもでたらめなことを一言も言わなかったのに、あの日の昼、母親としての責任感からその原則をすべて放棄し、でっち上げの罪名を全てかぶったのでした。ただ母は他の人を傷つけることは決してしませんでした。文革の後、「三種人」[11]が追跡調査された時、私は母に、お母さんをひどい目にあわせたあの婆さんはしっかりと罪を被るべきだね、と言いました。母は、組織ではもう自分の状況は理解されている。自分はもうあのようなことを追及しない。組織ももう再調査しないでほしいし、党内であちこち辛い目にあわすのももう永遠にやめてほしい、と言いました。母が帰って来たあの晩、私はうれしいという他、母の内心の感情については何もわかっていませんでした。でもこの日から私と母、父が再び作った家族の輪はもう崩れることはありませんでした。

母は帰ってからは、父が頑張り続けられるように、紙きれに何かを書いて頻繁に私に持たせました。それで私は方法を講じて何人かの同級生と一緒に父が監禁されている山の上まで遊びに行き、機会をみつけてはその紙きれを渡しました。それは地下活動をする秘密連絡員がやることと全く同じでした。しかしある時、母が何枚も紙きれを書き、それは分厚すぎて折りたためず、手のひらにおさめて渡すことができなかったので、何日も父に渡す機会を失っていました。もしこの紙切れが見つかれば大きな災いが待ち受けています。渡すに渡せず、でも渡さなければ母を失望させてしまうので、私は独断でこの紙切れを炉の中で燃やしてしまったのです。長らくたってから父が解放されもどって来ました。父がベッドに腰かけて一通一通受け取った手紙を読んでいると、母が突然あの長い手紙がないのに気づきました。ここで父が帰って来た幸せは突然恐怖とともに封じられてしまいました。両親は私が手紙を不当に処理したことであらたな災難に巻き込まれることを恐れていたのです。そこで一つ一つ面倒がらずに私から細かいことを聞き出し、それに彼らの新しい想像を加えて更に質問しました。後に、このことは私を疲れさせるだけで、私に何も手抜かりはなかったからなのでしょう。両親は私がもしウソを言ったなら災難はとっくの昔にやってきたはずだと結論付け、この件をなかったことにしてしまいました。何年もたってから、私はこのことが気がかりで仕方ありませんでした。しかしあの時代、夫婦が反目しあい、父と子が敵となる例は一家庭にとどまりませんでした。おまけに私という人間は、かつて両親に造反をしたのです。母がこのように重い任務を私にやらせたということは、私を最大限信頼していたということなのです。

更にその後、林彪がウンドゥルハンで墜落死したことに伴い、政治の環境は大きく変化しました。両親は二、三人の友達を招き、夜の帳が下りたのに乗じて家で酒を飲むようになりました。週末のこの集まりは、私の祝日となりましたが、母や父にも友ができたのです！　当時両親はまだ自由に幹部学校の外に出られなかったので、酒やおかずの買い物の責任は自然と私の肩にかかってきました。日曜になると、同級生と約束できるかどうかにかかわらず、私は道が遠くて不便なことをものともせず自ら進んで県の市場に赴き、できるだけたくさんの食物を背負って帰ってきました。ただこの薄暗い灯りの下での集会は、私にとっては実質的に何もいい所がありませんでした。お客のために夕飯が始まるのが遅くなったばかりでなく、彼らが声を殺して話す内容は私には難しすぎてわかりませんでした。往々にしてこの時に同級生が私を遊びに誘いに来るので、闖入者がみんなを気まずくさせないように私は食事の途中でもすぐに出かけました。でもこの集会は私にとって忘れることはできません！

早朝羅山に向けて出発してから、私の思考は止まることはありませんでした。羅山到着後は、幹部学校への道がわからないことを心配する必要はありませんでした。また現地の人たちとのおしゃべりで、今の羅山の人たちも三十年前のあの幹部学校のことを忘れていないことに気が付きました。私たちが県の町で食事をした時、ちょうど食堂の主人が幹部学校が改組した林業局の農場で仕事をしていたことを知りました。農場の不景気で彼は自分の食堂を開いたのです。彼は農場は町から遠く、この数年変化もなく、基本的には前と同じだと話していました。

彼の案内で私たちは一度土地の人に道を聞いただけで、幹部学校があったところにたどり着きました。三十年の変遷の中、後の人が幹部学校に手を加えたせいで、建築物や地表の環境には大きな変化が見られました。大講堂、学校、牛小屋、私たち小学校の生徒が植えたレンコンの池も見つかりませんでした。

でも私たち一家が住んでいた家はそのまま残っていました！ドアに錠がかかっていたので入れなかったのですが、元々四家族が住んでいた狭い場所をぶちぬきにして一つにした結果、新しい住人にとって住みやすい家になっていました。壁には毛主席語録や「毛主席が示す五七の道を勇気をもって奮い進もう！」のスローガンがまだはっきりと見えます。これらを目にして、感慨深い気持ちにならずにはおれませんでした！

この時、側で見ていた土地の人が話しかけてきました。あるおばあさんはかつて私が幹部学校にいてこの部屋に住んでいたことを聞き、「顔を見る限りあなたはこんなに年をとっているはずはない」と信じられない面持ちで言うのです。私の説明を聞くと、おばあさんは何年か前にも、北京の子供が来たと言いました。別のおじいさんは、幹部学校の人をよく知っていると言ったので、私がそれは誰かと聞くと、彼はしばらく考えて、それは汪さん、汪道涵[12]だと言いました。そうです、老人の言ったのは、後に上海市委員会書記となった汪道涵で、彼は当時「干されて」いて、毎日天秤棒を担いで糞尿を集めていました。土地の人は必死で働いている人を見ると皆全く躊躇なく手伝ってくれたので、これら革命家にはこの特殊な環境の下でも地元の友達がいたのです。

　実際、当時幹部学校で一番多く語られていたのは、付近にあった全国総工会の幹部学校にいた「大足の陳」[13]の話でした。彼女は「二丁拳銃の大ばあさん」[14]のような人物で、当時彼女は羅山一帯で部下を率いてゲリラ活動をしていました。第八期全人代拡大一二中全会の席上において劉少奇[15]の党籍剥奪に賛成する投票を拒絶したことで、貶められ排除されたのです。しかし現地の部下はこのことを全く無視して、次々と彼女を訪問し、当地の権力者をしてどう対処して良いかわからなくさせました。会わせなかったら地方官の機嫌を損ねるかもしれず、会わせたらまた革命の大勢と符合しなくなるというわけです。最後にはおかしな策略を編み出して、彼女を町に行かせ糞尿を集めさせることにしました。糞尿集めの車を引いているこのようなおばあさんに出くわすと、彼女を手伝う人がいつもいたのですが、それだけでなく、当時十分貴重であったこの資源を争い取ろうとする者などもいませんでした。別の場所では糞尿を奪いあうことで殴り合いまで発生したのです。これは自然と全国総工会の幹部学校にただで利益をもたらすことになったのです。

昔のことは煙のようなもので、私はかつて生活し、育った土地に対面した時、何年もの間心にたまっていた思いが溢れ、どうやって言葉に表したらいいのかわかりません。友人の起江さんが作った七言絶句を用いて私の心情を正確に表したいと思います。

童顔随父下羅山　　童顔のとき 親に従い羅山に下り来た
少小苣知人世冤　　幼きときなれば どうしてこの世の恨みなどわかろう
不惑之年遊故地　　不惑の年になり 元の地に戻る
万千感慨匯心田　　何万もの感慨が心にこみ上げる

そうです、故郷の土地に帰ってもそれは結局ちょっとした旅にしか過ぎず、時間は元には戻せません。私が幹部学校に帰った時、突然ある考えが心に浮かびました。羅山のようにほぼ残っている幹部学校の跡地が今の中国で探せないのならば、幹部学校博物館とすれば、この建築物も別の利用価値があるのではないでしょうか。中国で起こったいろんな出来事は一定の基準ある歴史の記念になるのですから。

実際のところ、今、大都市で全力で開発が進められている旅行ビジネスの視点から考えても、羅山には大きな資源があります。県の旅館の壁の掲示から、私は県内の霊山にあるお寺にも長い歴史があるのを知りました。大別山区はかつて李先念[16]などの革命家が戦った場所でありましたし、また発掘された白酒が世界で最も古いものだと考古学的に立証されています……

　今私が望んでいるのは、現代化の歩みに従い、羅山よ、お前の明日が更に美しくなることです！　羅山よ、お前の幸福を祈ろう！　たとえこの文が精彩に欠けるとしても、これは私が再度羅山に別れを告げた心の話なのです。

馬征（ば・せい）：一九六〇年五月生まれ。一九七六年一二月、海軍北海艦隊通信本部において電報送受信係を務める。一九八二年、海軍工程大学電機学部で学び、卒業後、元の通信本部に戻り技師となる。一九八六年一二月、中成グループ企業に転職し、現在に至る。グループ企業の傘下である中成輸出入株式会社を設立後、バングラデシュ市場のプロジェクト開発と実施に携わる。バングラデシュ DAP-1 プロジェクトマネージャー、及びシャールジャ化学肥料工場のマネージャーを歴任し、この二つのプロジェクトは前後して国家海外プロジェクトの魯班賞を受賞。プロジェクト管理知識の学習と実践により、IPMAA 級（国際プロジェクト高級マネージャー）証書を得る。本文は作者が二〇〇二年四月二八日に安徽省合肥にて脱稿し、二〇一〇年に、編者に提供したものである。

1 「合肥」は、河南省の東隣り安徽省の省都。

2 「仲春」は、春になって二月目、つまり旧暦二月。

3 「葉集」は、地名。安徽省六安市に属する区の名前。

4 一華里は五百メートルなので、六華里は三キロメートル。

5 「劉俊青」に関する以上の話は、小説『羅山条約』の第一七段「倪亜雲の話」として詳しく描かれている。

6 「忠の字踊り」とは、一九六六年から六八年までの時期に盛んに行なわれた広場での踊り。デモ行進の合間の群衆の舞踏。紅衛兵が主として踊った。毛主席への忠義を表すものとして、「大海航行靠舵手」や「敬愛的毛主席」などの歌や語録の言葉が伴奏として歌われ、「革命無罪、造反有理」という言葉も繰り返された。中共九全大会以後徐々にすたれた。

7 「〃五一六〃分子の徹底調査の運動」。「五一六」分子とは、毛沢東の一九六六年五月一六日の通知が翌年の五月十七日に『人民日報』に公表された。それを受けて、首都「五一六」紅衛兵団という極左組織が周恩来を攻撃した。六七年九月に毛沢東は「五一六」組織者と操縦者は①党中央の指導者に反対している。②中国人民解放軍を破壊し分裂しようとしている。と摘発の指示を出した。その後、江青が「プロレタリア司令部、人民解放軍、革命委員会を批判した者」を「五一六」分子と定義した。六八年に精査「五一六」専案領導小組ができ、七〇年から七四年にかけて全国で精査が行なわれた。三百万人が「五一六」分子とされたが、この審査方法が残酷で、根拠が薄弱だったため、多くの冤罪者を出した。その後、うやむやに終了した。なお、第六篇の注4も参照されたい。

8 「苗馬」とは、苗代で使う鞍型の腰かけ。上方に反った板が取り付けてあり、腰を動かすだけで前後に移動できる。

9 「北斗星を見上げる」は、歌曲「紅軍戦士想念毛主席」の中の歌詞。作詞、任紅挙。作曲、時楽蒙、彦克。歌詞の原文は「抬頭望見北斗星、心中想念毛沢東、想念毛沢東、迷路時想念你有方向、黒夜里想你照路程、黒夜里想你照路程。湘江岸、作燃起火炬沖天亮、号召工農閙革命。……」と続く。

10 「パチンコ」とは、二又になった木や針金にゴムひもを張り、小石などを挟んで遠方に飛ばすおもちゃ。

11 「三種人」とは、文革期に①林彪、江青集団に追従して造反出世した者。②派閥意識の濃厚な者。③殴打、破壊、略奪を行なった者。を言う。

12 「汪道涵（おう・どうかん）」については、第七篇注9を参照されたい。

13 「大足の陳」の原文は「陳大脚」。陳少敏（一九〇二―七七）のこと。本名、孫肇修。女性で、山東省寿光県の人。一九二八年入党。毛沢東が「白区の赤い心の女戦士、プロレタリア階級の良妻賢母」と称えた。一九六八年一〇月の第八期全人代拡大一二中全会で、劉少奇の党籍剥奪に賛成の挙手をしなかったので、江青、康生一味の迫害を受けた。一九七七年一二月北京で病により死亡。七十六歳。一九四三年から豫鄂辺区党副書記になり、ゲリラ闘争をする。李先念の新四軍第二師の副政治委員ともなり「女将軍」と言われた。

14 「二丁拳銃の大ばあさん」の原文は「双槍老太婆」。趙洪文国のこと。抗日英雄・趙侗の母。満族。遼寧省岫岩県の人。遼寧「少年鉄血軍」、河北「国民抗日軍」、河南「太行山光復軍」及び「晋察冀遊撃縦隊」に参加したので、「遊撃隊の母」、「民族の母」と称され、民間では「双槍老太婆」と言われた。もう一つの説は、小説『紅岩』に出てくる人物で、四川省華鎣山遊撃隊の人物。一九〇〇年から六〇年まで生きた陳賢詩がモデルだと作者・羅広斌は言っている。

15 「劉少奇（りゅう・しょうき）」、（一八九八—一九六九）。湖南省寧郷県の人。一九五九年毛沢東に代わって国家主席。文革中、鄧小平とともに「資本主義の道を歩む実権派」の中心人物とされ、一九六八年一〇月の第八期拡大一二中全会で永久除名された。八〇年二月の第一一期五中全会で名誉回復される。

16 「李先念（り・せんねん）」、（一九〇九—九二）。湖北省紅安県の人。二七年入党。抗日戦争期は新四軍、解放戦争期は中原野戦軍区司令員として活動。四九年湖北省党委書記。五四年国務院副総理兼財政部長。八三年国家主席。八八年全国政協主席。

第一〇篇　最後の羅山撤収

王耀平

一九八七年版の『羅山県志』の大事記の中に次のように書かれているところがある。「一九七四年一〇月初め、中央対外経済連絡委員会「五七」幹部学校（場所は今の龍山郷十里塘村）が撤収した。校舎は県の機械局に移譲され、改めて農業機械学校が建てられた。幹部学校の丸釘工場は県の工業局に移譲され、羅山金属製品工場と名前を変えた」。

我が父・王琨[1]は一九七三年四月三日にモンゴルから帰国した。外経部（安定門外東后巷二八号）第一局で仕事していたが、僅か半年ほどで、一九七三年一二月末頃のことだと思うが、外経部羅山「五七」幹部学校に下放した。父・王琨は一九六五年から一九七三年までずっと駐モンゴル大使館で仕事をした。ほとんど国内の「文革」には参加していないし、また時勢の流れにしたがっての下放もしていない。彼が羅山に行ったのは順番制の下放労働といえた。その時彼には一つの任務――大田班[2]班長が与えられた。大田班班長を担当させられた理由は、おそらく彼が偽満洲国の日本人の苗木畑で木を植えたという履歴があったからであろう。

この時、羅山の外経部（もとは対外経済連絡委員会と称し、一九七一年対外経済連絡部と改称した）「五七」幹部学校はすでに縮小し、多くの「五七」戦士と家族が陸続と北京に戻っていた。元の廟仙郷草廟校部の土地と家屋はすでに部隊に移譲されていて、どの部隊であったかということは今になるまではっきりせず、羅山政治協商の関係方面も探しようがなかった。毎年地租や家賃を納める時になると彼らはやって来るということであった。外経部「五七」幹部学校には、羅漢道路沿いにあった元の第三中隊の一部分が残っただけである。しかも、「五七」戦士は急激に減少したとはいえ、四、五十人ほどにはなる。第三中隊には三列の家屋があるだけだったので、住居の条件は限りがあった。

　私の記憶では三つの事が印象に残っている。

一、汪道涵が北京に帰るのを送ったこと

　父・王琨が「五七」幹部学校にやって来た時、汪道涵[3]はまだ「五七」幹部学校で労働鍛錬の最中であり、さらに「ポストを外された」身分だったので、大田班の班長である父の直接指導を受ける班員であった。汪道涵は一九一五年生れで、すでに五十九歳になっていた。父は彼に言った。あなたは真面目に働いてはいけませんよ。畑に行ったらグズグズしていたらよろしい、と。当時の汪道涵の身分では、他人に噂されることは恐ろしいことだったので、仕事に出て働くのも、きわめて真面目ならざるを得なかった。

　突然外経部から転勤の命令が来て、汪道涵は北京に戻ることになった。それで、皆

はとても喜んだ。きっと元の職に戻るに違いない、と。彼はかつては外経委の第一副主任であった。当時幹部学校には「解放」されなかった人はまだ多くいたから、みな汪道涵のために喜んだ。別れる時皆は集まってお別れの会食までした。翌日、父は荷物を担いで汪道涵を信陽駅まで送った。ひとたび別れれば再び会う機会はなかった。思わぬことに、汪道涵は北京に戻った後、降職降級降給になり、第一機械部の下部組織の研究所に左遷され、何の権力もない副職になった。

一九八〇年、父が上海に出張したので、私はついて行って遊んだ。上海には親戚がいて、血液関係の専門家だった。何度も国外の学会で講義をするよう招聘を受けていた。しかし、上海市の「教育衛生局」は「文革」時の表現を以って許可を出さなかった。その時、父は汪道涵に一通の手紙を書き、上海の対外事務の同志に託して、すでに上海市長になっていた汪道涵に渡してもらった。間もなく、親戚の出国の問題は解決した。

羅山にはまだ汪道涵が羅山の地元の子女の学校に上がる問題を援助した話が伝わっているが、具体的な状況ははっきりしていない。要するに、老先生には情もあり義もあるということだ。

「五七」の子弟・劉人仿が私に一つの話を語った。劉人仿が北京のある軍の工場で働いていたとき、上海市のある企業が赤字を出し金を払わなかった。指導部は返済請求に彼を派遣した。彼は上海に着くと汪道涵に会いたいと思い、駅の公衆電話から上海市政府に電話して、自分の父はだれだれであり、自分はだれだれであると言った。すぐさま、汪道涵の秘書から電話が来た。直接車を派遣して彼を市政府の食堂に連れて行き朝飯を食べさせ、それから泊まる宿を手配し、三日間の観光旅行まで塩梅した。さらに彼にこう言った、お金はすでにあなたの工場に為替で送った。安心しなさい……、と。

汪道涵が上海市長を担当していたとき、かつて「反方保汪」[4]のために志を得なかった幹部たちに、上海に来るよう要請した。しかし、彼らは上海はあまりにも遠いので、北京を出たら皆田舎だとみなして、進歩する絶好の機会を放棄してしまった。

二、沈爾侖(似た発音による)が南大塘で溺死したこと

南大塘は第三中隊の南にある池であり、当時「五七」戦士と私たち子供たちはみなそこで泳いだ。一般的には夕飯後に池に入る。白昼は、日に晒されて水がたぎっているからだ。南大塘は実際は大きくなく、サッカー場の半分(あるいはもっと小さかったかもしれない)に満たなかった。南の端に深いところがあり、足を踏み入れ空を切ると溺れ死ぬ恐れがあった。当時、邱大鋼(北京某建築公司の副社長)は隋建輝(兵器工業部の巡視員)[5]に救助された。孫大偉(広西自治区党委副書記)は廖暁仟(国家質検総局巡視員)に救助された。孫大偉よ、あなたはこのことを忘れられないでしょ

う。私たちはみな覚えていますよ！　南大塘の危険なことがよくわかるというものです。

沈爾侖は、一九七四年の夏に南大塘で溺死した。沈爾侖は「五七」戦士であり、成人である。この不注意は自分を害し、妻と子供をも害した。去年、南大塘に行ったとき、たまたま土地のお爺さんに出遭ったが、そのお爺さんは今なお「沈爾侖」という名前を口にしている。当時彼らはみな池に入って引き上げの作業をしたのだった……。

我が母・于笑蘭[6]（一九七三年に北京に戻った。後勤組に勤めていた）と第五局の技術室の女同志（ある映画監督の母親）は、沈爾侖の妻と娘に付き添って一緒に羅山に行った。その映画監督が語るには、棺を埋葬する時、突然稲光がし雷鳴が轟いたが、あっという間に雨が過ぎ、晴れ間になった、という。我が母・于笑蘭はその時宿舎で沈爾侖の娘の面倒を見ていて、墓地に行っていないから、この光景を見ていない。墓地は南大塘の西北にあり、幹部学校の劉俊青[7]と熊本林[8]もそこに埋葬されている。我が父・王琨は大田班の何人かの「五七」戦士を連れて行き、沈爾侖のために墓穴を掘った。

二〇一三年五月七日、私たち外経委の「五七」子弟は羅山に戻り、位置があいまいな墓地の方に向かって、みなが集まり三拝して哀悼の意を示した！

三．羅山を離れたこと

一九七四年九月末、父は旅にやつれた顔で私たちの和平里の家に戻って来た。濃い青色の綿入れを着、頭には破れた帽子をかぶっていた。見るからに大変苦労した様子である。元の外経部の羅山「五七」幹部学校の歴史はとうとう終わりとなった。羅山「五七」幹部学校の最後の財産、農業設備と生活家具を含めて、すべてをそっくり北京に運んだので、まるまる貨物車一車両に詰め込まれた。父はこれらの物資を貨車の上から監視して、北京に戻ったのだ。道中何日もかかるから、旅に苦労したのも無理はない！　覚えているが、父はどうやら朱佰州（当時はまだ「五一六」分子というレッテルをはがされていなかった）と一緒に車を監視して戻ってきたようだった。

この後、北京市昌平県小湯山の大東流公社が土地を明け渡したので、新たに作られた昌平の外経部「五七」幹部学校が、この地に根を下ろした。

中国のモンゴル援助は二十年近く続いたが、一九七三年は、父が最後の手元の仕事を片付けてモンゴルから撤収した年で、モンゴルへの経済援助が終わった年でもある。どうやら撤収撤退は父の宿命のようだ。

一〇月一日、切符によって[9]一台の鳳凰型の自転車を買ったので、私は七十里（三十五キロメートル）先の対外経部昌平「五七」幹部学校まで乗って行った。去年、私たちの外経「五七」子弟である伍勁松処長の塩梅のもと、四十三年を隔てて、ついにこの土地を再び目にしたのだった！　現在私たちはまだ当時の「五七」幹部学校で使用した床板や農具を見ることができる。彼らが廃品として売らないことを希望する。

こう言うことができよう。わが父・王琨などは、外経部羅山十里塘の「五七」幹部学校を最後に離れた者だ。彼らは歴史の目撃証人なのだ、と。

二〇一九年春節

王琨（おう・こん）：一九二七年生まれ。元の名前は王国祥。元の安東省海龍県（今、吉林省梅河口市海龍鎮）の人。一九五六年初め、丹東市人民検察院検察長。一九五九年初め、遼寧省朝陽市経委副主任兼工業局長。一九六五年九月から一九七三年四月まで、中国駐モンゴル大使館経済専員（一等秘書）。一九六七年一一月から一九七〇年四月まで、中国駐モンゴル大使館代理党委書記。一九七三年末、河南羅山外経委「五七」幹部学校に下放する。一九七四年一〇月、羅山「五七」幹部学校を北京昌平に移転する。一九七七年一一月、中国駐ビルマ大使館経済参事。一九八一年一一月、中国駐スリランカ大使館経済参事官兼駐モルジブ経済参事官。一九八五年一二月、二十五日間にわたって交渉組長としてモンゴルに赴き、経済援助返還問題につき交渉し、ついに成功した。一九八五年末、中国国際経済情報センター副主任。一九八八年末、退職。一九九一年九月、病没。

【王耀平の父親・王琨の肖像】

1 「王琨（おう・こん）」は、王耀平の父親であり、その略歴の補充が一三三頁にある。

2 「大田班」とは、穀物、工業原料、飼育作物などを作る広面積の田畑を「大田」と言い、それを耕す班のこと。

3 「汪道涵（おう・どうかん）」については第七篇注9を参照されたい。

4 「反方保汪」とは、文革中、主任の方毅に反対して汪道涵を擁護する運動。この運動を起こした幹部たちは、当時反主流派であったため、不利益な目にあわされた。

5 「隋建輝（ずい・けんき）」については、第八篇注6、及び第八篇の一〇六頁の写真も参照されたい。

6 「于笑蘭（う・しょうらん）」は、王耀平の母親である。上巻第一〇篇を参照されたい。

7 「劉俊青（りゅう・しゅんせい）」については、第九篇の一一二頁—一一三頁を参照されたい。

8 「熊本林（ゆう・ほんりん）」については、第八篇の一〇四頁を参照されたい。

9 ここの「切符」とは、自転車購入券のこと。当時は、穀物や綿製品及び工業生産品などは、現金以外に購入券が必要であった。自転車では、上海製の「鳳凰」や「永久」、天津製の「飛鴿（＝鳩）」が人気の車種であった。

第一一篇　子供の目から見た「五七」幹部学校

王耀平

一　「五七」小戦士だった私たち

一九六九年、私たち一家は離れ離れとなりました。私の父は国外へ派遣され、母は対外経済委員会の河南省羅山にある「五七」幹部学校に送られ、二人の姉は黒龍江省にある生産建設兵団に行き、私だけが北京に残ったのです。対外経済委員会は、世話をする人間がいない子供たちを一か所に集めて「学生班」を作りました。「学生班」には幼稚園から中学まで、最も多い時には何十人もいて、私はその中の一人でした。このような生活はこれからずっと続くものだと思っていました。私は「学生班」で、生まれて初めてテレビを見たのですが、その内容は中国とソ連の珍宝島事件[1]の戦争記録映画でした。ソ連が百五十万平方キロの中国の領土―つまりはフランス五個分、または江蘇省十個分の面積―を侵犯した事件で、とても強く印象に残っています。戦争は目前に近づいて、北京では人口を拡散させなければならなかったのです。一一月二日、私たち七人の子供たち（一番下はまだ幼稚園でしたが）は、おばさんに付き添われて列車に乗って北京を離れ、全く知らない「五七」幹部学校に連れて行かれました。それは生活環境がしょっちゅう変わるという試練の時代でもありましたが、私たち子供にとっては興奮と好奇心以外には何もありませんでした。当時の私たちは感傷的な感情は持ち合わせていなかったのです。

【1970年夏、第三中隊から本部へ向かうあぜ道での王耀平】

一一月三日朝四時、私たちは信陽に着きました。空は暗く雨が降っていて、信陽の町は見えなかったものの、陸橋を跨いだことが印象に残っています。信陽には対外経済委員会の連絡ステーションがあって、そこは「大使館」と呼ばれ、その「大使」が許おじさんだったのです。「大使館」は招待所の中にありました。招待所には「五七」戦士たちがたくさん泊まっていました。当時、中央国家機関の信陽地区においての「五七」幹部学校は数十か所あり、羅山だけでも七か所ありました。信陽市から羅山県の町までは四十キロ、羅山県の町から対外経済委員会の「五七」幹部学校まで七、八キロありました。私たちは屋根のない車に乗ったので、防水布に潜り込み、風や雨、寒さの中で一団となって縮こまっていました。防水布の端っこを引っ張って顔も出しませんでした。ただ道がでこぼこで長かったことだけを覚えています。

幹部学校に到着した当時は、食事と睡眠のほかは、ネコや犬と遊んだり、羊を放牧して牛に乗りました。学校に行かない生活は本当に快適でした。その後、幹部学校は小学校を作り、入学式は幹部学校の空き地で行ないました。校長先生は杜おばさんで、彼女は首にタオルを巻き付け、厳粛な面持ちをしていました。中学生は皆県の町で勉強していたので、彼らはもっと自由でした。私たち五年生は甲班と乙班に分かれ、教室はなかったので、テントを二つ張っていました。自分でレンガを積み、木で机を作り、椅子は各自腰かけを持ってきました。冬は恐ろしいほどに寒く、夏は恐ろしいほどに暑かったです。一列に四人の生徒がいて、小刀で線を引き、自分の領地を確立しました。一年生から四年生までの子供の数はしれていて、二つのクラスに分けられました。一年生と三年生が一つのクラスで、二年生と四年生がもう一つのクラスです。一年生が授業している時は、三年生は自習、三年生が授業をしている時は、一年生は自習といった具合です。

三夏と三秋の時期[2]には農業の繁忙期の休みがあり、農作業を全部やりました。私たちは十二、三歳でしたが、麦を刈ったり苗を植えたりするのは「五七」戦士に負けませんでした。「子供には腰がないから、仕事をしても疲れを知らない」[3]というじゃありませんか。夜を通しての脱穀にも私たちは「五七」戦士たちと闘いました……。七一年の夏、陸校長は私たちを韶山に連れて行き、武漢、長沙を通って農民運動講習所と第一師範を見学させました。今で言う「紅色旅行」[4]です。

どんなふうに勉強したかについてはあまり覚えていませんが、印象深かったのは、毎日崩れたレンガのかまどで、かわりばんこに攻めたり守ったりする遊びをしたことです。上ったり下りたり、大騒ぎでした。先生は「五七」戦士から選ばれた人でしたが、私を紅小兵[5]にしてくれず、このことは未だに気にかかって忘れられません。授業は何の義務もなく、試験中も本やノートを見てもよく、普段は労働するか、「十ムーの水田に田植えをする」[6]といった文章を書いていました。まるで現在、みんなが憧れる素養教育[7]のようなものでした。

私たちはニラと麦を識別できるようになっていました。稲とヒエが識別できるというのは自慢できることでしょうか？ そうとも限りません。私たちが四書五経[8]、唐詩や宋詞も知らないとは、何とも残念で恥ずべきことではないでしょうか？ 失ったものも得たものもありましたが、得たものは少なく、失ったものは多かったのです。学校での十年を振り返ると、一九七六年一月の卒業証書のない高校卒業まで、本当にいい加減に過ごしてきました。十年間の学校生活は、ゆったりとして自由でしたが、それ以後を生きていくために、更に十数年を費やしました。苦労して何とか最低ランクの大学程度の卒業証書を二枚ごまかして取り、息子が中学に上がるまでずっと何らかの試験を受けていました。自分以外の誰も責めることはできません。五年生の時、先生は私を、「毎日勉強はせず、教室の規律もあまり守らず、おしゃべりをし、物をいじくりまわす。生活はかなり散漫」と評価していました。

今の子供と親は受験教育に苦しめられていますが、私は逆に「勉強は無用」[9]という害を蒙ったのです。「文革」が終わり、国を挙げて試験を行なった時の様子は記憶に鮮明に残っています。私たちはいつも二つの極端な思想に翻弄されてきました。その中間の道を行く、という選択はできなかったものでしょうか？

二　階級闘争においての教育

「五七」幹部学校に来たばかりのころ、母は女性宿舎にいたので、私はシングルベッドに木の板を加え、壁にへばりついて寝ていました。宿舎には四人がいました。審査を受ける劉おばさん、特別案件組の李おばさん、そして特別捜査班案件組の組長である私の母と私です。母は中心を避けるノンポリ派で、政治運動のことには明るくありませんでした。当時は逮捕すべき「五一六」分子が多かったため、ふさわしい積極分子を選び出すことができなかったのです。母は検察員だった経歴から、特別案件の責任者に指名されました。（組長は韓林でした）。そして劉おばさんが「五一六」分子だと挙げねばなりませんでした。というのも、劉おばさんの親しい友人が国家計算委員会において、自分が「五一六」分子であることを認め、劉おばさんを巻き添えにしたのです。それで当然劉おばさんも「五一六」分子ということになりました。指導者が配置した任務には、こういったロジックがありました。昼も夜も審査があり、車輪が回るように同じことを何度も繰り返して話しました。いつも夜中に起きると、彼らは噛んで含めるように話しをしていました。特別案件組には范おじさんという男の同志もいて、彼は声がとても大きな人でした。劉おばさんは最初から最後まで自分が「五一六」分子であるとは認めませんでした。ある時は彼女を立たせて反省させ、ある時は壁に向けさせ反省させませしたが、それでも劉おばさんは認めませんでした。母も思案に暮れました。指導者も母の力不足と考え、責任者としての母の職務を撤回し、農民の党組織を整えるという名目で、母を呉崗大隊に派遣したのです。三か月の間、母は寝台のある農民の家に泊まり、農民のおばさんと同じ寝台で寝て、「五一六」探しの激烈な運動から身をかわしていたのです。

「五一六」分子とは何か？ これは本当にはっきり言うのが難しい問題です。「五一六」分子を深く掘り下げる運動は、「文革」において一番長く続き、一番規模の大きな冤罪事件です。「文革」の初期にかつて「五一六」分子の造反組織があり、それがとある中央指導者に反対したことでこの組織は粉砕されましたが、中央部署は全中国において「五一六」分子の調査を続けたのです。

母は農民の党組織を整備する仕事に参加したので、私は土レンガの建物に八、九人の「五七」戦士がいる牛使いの班に移りました。そこには「ポストがはずされた」人や、ニセ党員や、「五一六」分子などがいました。部屋は結構広かったので、いつも中隊はここで大会を開きました。ある日の朝起きると、部屋の中は人でいっぱいで、私の枕元にも何人ものおじさんやおばさんたちがひしめき合っていました。彼らは大会を開いていたので、私は布団の中で寝転びながら彼らの発言を聴いていました。ある時は夜中でさえ、「五一六」分子をまた捕まえたぞ！ という戦況ニュースが発表されました。ある極左分子の当時の名言には、「一目ですぐにあいつが〝五一六〟分子とわかる！」というのがありました。私は未だにこれらのことを忘れることはできません。

私は再度引っ越しし、管制されていた[10]鞠おじさんと起居を共にしました。あの日、管制の対象となっていた鞠おじさんがスイカを買って私に一切れくれたので、私はすぐに食べて、食べ終わってから彼を「おじさん」と呼びました。何と見どころのある子供だったことか！　私は誰がこのことを上に報告したのか知りませんが、その日、中隊では大会が開かれ、副指導員である抗戦時の老幹部が、「ある子供が管制されている悪質分子をおじさんと呼んでいる……」と報告しました。このことについては母が私を審議し、私はそのわけを説明しました。

私の覚醒は絶え間なく「向上」していきました。私は管制されている張おじさん（彼をおじさんと呼んだことはありませんでしたが）と石おじさんと一緒に生活していました。石おじさんは親戚を訪ねに北京に帰っていたので、部屋の中には私と張おじさんだけでした。その日、中隊の子牛が怪我をして虫の息だったので、私は歯を磨いていた張おじさんに「子牛が死にそうだよ」と言いました。張おじさんはすぐに「フン、死んだらいいさ、肉が食えるから」と言いました。私はすぐにこのことを報告しました。その夜、張おじさんは批判の対象となりました。私は窓枠の下で、「死んだらいい、肉が食えるからだって？　お前はどんな階級の感情なんだ？」と言っているのを聞きました。夜、私が蚊帳にもぐり込むと、張おじさんはベッドの端に座ったままで頭を垂れて何も言いませんでした。私はその時、もし寝ている間にこの人に絞め殺されたらどうしよう、と思ったものです。……幹部学校を離れてから、おじさんに会うことは二度とありませんでした。おじさんはもう八十歳を越えていますが、とても健康だそうです。聞いたところによると、おじさんはいつも老同志と連絡をとりあって紅色江山[11]を守っているということです。もしおじさんに会うことがあれば、あの時のことをお詫びしたいです。

私たちはほんの子供でしたが、「五七」幹部学校では「五七」戦士並みの政治的待遇を受けました。毎回大会が開かれることがビラで知らされると、私たち十二、三歳の子供も講堂で報告を聞きました。「林彪九一三事件」[12]は、私がこの講堂で聞いた中央の文献です。まさに青天の霹靂の感じがありました。

三　私を困惑させた彼らの運命

もし読者のみなさんが「文革」は紅衛兵対老幹部の闘いのことだと思っているのなら、それは間違いです。上層の走資派のことは、よくわかりませんでしたが、私が知っていたのは、老幹部対老幹部、紅衛兵対紅衛兵、造反派対老幹部、老幹部対造反派、造反派対造反派の闘いがあったということです。特別な上層の指導者を除いて、大部分の人たちは曖昧でした。実のところ、老幹部、紅衛兵、造反派などはみんな大衆でした。「文革」の一大特徴は大衆が大衆と闘ったことです。文闘もあれば武闘もありました。

呉おじさんは当時まだ三十歳にならない若者で、結婚もしていませんでした。七〇年代初め、新党員で、且つ五好戦士[13]と認められていた呉おじさんは、北京に帰って仕事をし、アフリカなど海外に派遣される準備をしていました。荷物はすでに整理され、次の日が出発だというその夜、呉おじさんが「五一六」分子だと告発されたという通知が届きました。呉おじさんは、背は高くありませんでしたが、体はがっしりして、筋肉がついていたので、子供たちは彼のことを大呉おじさんと呼んでいました。呉おじさんは貧しい家庭の出身で、根は赤くて、苗はまっすぐで[14]、共産党が育てた大学生であり、党への忠誠と毛主席への熱愛は絶対的なものでした。こんなにいい人でも一定期間管制され、最後にはどうしようもなくなって、自分が「五一六」分子であることを認めたのです。こういうわけで、呉おじさんは何年もの間立場を取り戻すことができませんでした。今考えてみると全くもってわからないことだらけです！

第三中隊の第三列目の住宅の東西の端には、それぞれ秦おじさんと朱おじさんが拘禁されていました。彼らはどちらも造反派でしたが、人を殴ったり罵ったりした記録はありませんでした。彼らに自分たちが「五一六」分子だと認めさせようとしましたが、二人の頑固者はどちらもそれを認めませんでした。特別案件組の拷問に耐えられなくなった朱おじさんは、幹部学校から北京に上訴に行きましたが、その結果、拘留所に三十日あまり監禁されました。かつて対外経済委員会の共産主義青年団委員会の書記だった秦おじさんは大衆独裁の拷問を受け尽くし、一九七九年一月にやっと名誉回復しましたが、その時、「ひと風が吹き去った」と言ったのでした。まるまる十年になるのです。名誉回復した時、ある部の指導者が彼のことを秦さんと呼んだのです。なんと彼は感無量の様子でした。誰の間違いで、誰の罪だったのか！？ 矢張りはっきりしません。

第三中隊の養牛班には大おじさんがいました。汪道涵[15]といい、「文革」の前は対外経済委員会の副主任をしていました。彼は幹部学校ではずっと「ポストが外されて」いました。牛小屋で餌を与えるのが彼の仕事でした。私は彼がほし草を抱えて歩いている時、わざと突然わらの山から転がり落ちて、彼を驚かせました。その時彼は怒りで両手がふるえていました。このことについては彼に謝っていません。謝る機会がなかったのです。七三年、父は海外から帰国したとたん、羅山幹部学校に下放されました。当時幹部学校は縮小され、父は大田班[16]の班長になり、汪道涵はその班員でした。七三年末、汪道涵は北京に帰れという通知を受けたので、皆は彼が元の職に戻れるのだと思い喜びました。父は荷物を担いで汪道涵を信陽の駅まで送って行きました。しかし北京に戻ると、彼は党から除籍され、職を降下され、減給され、対外経済部からも離籍されたのです。あんなにも善良な老人でも十数年もの間、迫害を受けました。

四　消し去れない記憶

この数年で三度羅山に帰りました。幹部学校は、給水塔といくつかの住居は残されていますが、講堂も四合院も壊されてしまい、あのにぎやかな「五七」幹部学校はもはや存在しません。記憶を頼り、追いすがるしかありません……

　二〇〇六年五月、私が初めて羅山に帰った時に思い出したのは、一緒に牛を放牧した地元の少年でした。夏休みに私は幹部学校の牛を放牧していました。「陰陽角」という名の若くて力の強い水牛でした。私は十里塘の私と同じ十二、三歳くらいの子供と出会い一緒に放牧していました。彼は、自分は草平という名だと言ったので、私たちはそのまま彼を草平と呼びました。彼は私を王平と呼びました。草平は両親を早く亡くし、学校に行くお金がなかったので、牛を放牧していくらかのお金を稼いでいました。草平は坊ちゃん刈りで上半身は裸、はだしで赤い半ズボンをはいていました。そして首をかしげ、目を細めてへへへ、と笑っていました。草平が放牧していたのは小さな黄牛[17]でした。私たちは牛の背中で何をしゃべっていたのか、もう忘れてしまいました。後に草平はこう言っていました。俺たちはよく相撲をとった。耀平は俺に勝てなかったから、俺はずっといばっていた。へへへ……、と。

　私は村を一巡り歩きましたが、彼の家を見つけることができませんでした。その実、彼の家までは二、三十メートルだったのです。北京に帰ってから『さらば羅山』という文章を書き、羅山の論壇に載せ、メル友の「淮河風」（羅山開発改革委員会の王偉[18]のこと）の助けを得、終に草平と電話することができました。彼の本名は曹発平といい、草平ではありませんでした。その年の冬、曹発平が北京に来たので私は雷家橋[19]まで迎えに行きました。四十年近くたっていたので、彼のことがわかるかどうか心配でしたが、彼は首をかしげて目を細めるとへへへ……と笑ったのです。彼こそが草平で、私の放牧兄弟なのです！

二〇一一年五月七日、毛主席の「五七」指示四十五周年を記念して、当時羅山にいた私たち「五七」の小戦士たちは、元物資部大院の大食堂で盛大な集まりを催しました。物資部、全国総工会、対外経済委員会、第一機械工業部などの職場の子供たち約百五十人の中には、羅山県の町でケンカした仲間もいました。四十年前は食うか食われるかの闘いも、会えば笑いに変わってしまいました！　みんな特別の「あにき」、特別の「あねご」ばかりです。全員「五七」幹部学校の絆から集結したのです。当時の「五七」戦士にとっての記憶は、失望、苦悶、絶望かもしれませんが、私たち「五七」の子供たちの記憶は愉快で好奇心に満ち溢れ、楽しいことしかありません。「文革」の歴史の是非や正誤については理性的な思考が必要でしょうが、私たちは忘れがたい記憶を得たのです。私は物資部子弟の張憲平が言った言葉がすばらしいと感じました。「人は、その時感動し、自分を暖かく包み込んでくれたいいことだけを、本当の思い出として残すのです……」。

また不思議な話があります。物資部幹部学校の二人の小学生は子供のころに淡い初恋を覚えましたが、別れてから四十年たっても会えませんでした。この時、二人は共に独身でした。女性は男性の山東の電話番号を聞き出して電話し、七時間話してから

【2006年末、王耀平（右）と曹発平（左）
北京、八達嶺にて】

二人は以前の縁を結ぶことを決め、結婚したということです……これこそ美談で伝奇というものでしょう。美しい思い出だけではなく、美しい現実もあるのです。

二〇一〇年八月、私の口述歴史体の長編小説『羅山条約』が出版されました。この本は「五七」幹部学校、「五七」戦士と「五七」の子供たちを描いた長編小説です。本を書く過程は、私が過去を振り返り、自分と歴史を見つめなおす過程でもありました。この小説は私の印象、私の反省、そして羅山県の、あの「五七」幹部学校の遠い遠い記憶を受け継いだものです……

二〇一二年五月三日

附録２０一　瞬く間の四十年、相まみえて談笑すれば恩讐は消える

王耀平

握手しているこの二人を見て下さい。彼らは四十年前に河南省羅山県の映画館でケンカをし、「赫さん」の方が怪我をしたのです。その時は真っ暗闇の中、お互いに相手が誰だかよくわかりませんでした。すぐに見えなくなってしまいましたが、四十年間気がかりでした。

二〇一〇年一月三日、王の仲介で彼らは終に再会し、羅山の醸造酒「十年陳」を三本飲み、握手して再会を喜んだのです。

【写真説明：二〇一〇年一月三日、北京朝陽区の興隆家園龍興坊での会食。前列左から劉熠輝（外経）、赫暁南（外経）、黄華明（全総）、後列左から王耀平（外経）、張小維（外経）、何兵役（全総）、応旗（外経）、何偉（全総）。撮影は宋争鳴（国家科委）】

六〇年代末、全国総工会、物資部、第一機械部、国家経済委員会、国家科学委員会、国家旅行局、対外経済委員会など国家機関が河南省羅山県で「五七」幹部学校を設立し、当時十四、五歳だった中学生は羅山県の町に集まりました。

一九七〇年ごろ、対外経済委員会の子供たちと全総の子供たちが映画館で出会いました。対外経済委員会の「赫さん」は前列に座り、全総の「黄毛」は後列に座っていました。二人は口喧嘩を始め、「赫さん」が一発びんたをくらわすと、「黄毛」は袖の下から木の棒を出して、正面から「赫さん」の頭を殴りました。「赫さん」は怪我をしました。時間は短く、数秒のことだったでしょう。映画館はすぐに灯りをつけましたが、すぐまた消えました。「黄毛」は血路を開いて逃げ、便所で「何さん」（写真後列の真ん中）に肩車をしてもらって窓から逃げました。それから後は、大混乱になり、映画は上映されませんでした。「赫さん」の仲間は町の城門をふさぎましたが、最終的には何も得られませんでした。「黄毛」たちは町を出て、町の東の十里頭にある「羅山八中」に帰ったのです。「黄毛」たちは町の学校に行っていなかったので、それから会う機会はありませんでした。[21]

写真にある王以外は、全て当時ケンカの現場にいた証人であり、当事者です。

二〇〇六年五月、王は羅山を訪問し、『さらば羅山』を書いてネットに載せ、映画館でのケンカについて書きました。「黄毛」は書き込みでケンカをしたのは自分だと言いました。そこで王はネット上で「指名手配」し、『工人日報』の羽翼豊満（全総「五七」

子弟の莫代群は娘の莫宗羽豊のネット名及びブログを利用して、みんなと交流した。現在羽翼豊満は二十数歳で、カナダに留学している）の助けを借り、終に「黄毛」を「つかまえ」出したのです。ネット世界の偉大さに感謝します！

「黄毛」は自分は黄毛ではない、混乱の中で君たちは聞き間違えたのだと言います。何はともあれ、四十年ぶりに「黄毛」を探し当てたのです、この帽子はやはり彼にかぶっていてもらいましょう！

かつて羅山で渡り合った北京の「あにき」たちだった私たちは、永遠の友人なのです！

「指名手配」は更に続きます。老四（丁という苗字）、子ブタ（劉という苗字）らは物資部でした。そして第一機械部、国家経済委員会、国家科学委員会、国家観光局などの「あにき」たちがいました。機会を見つけて集まって昔のことに乾杯しましょう！

二〇一〇年一月四日

附録二　「五七」幹部学校がいろいろ迷惑かけて、申し訳ない

王耀平

息県の政治協商会文史弁公室の毛秀梅主任が提供した手がかりによって、私は羅山県政治協会の華暁芳博士とともに、息県の孫廟郷に元対外経済委員会「五七」幹部学

校の旧跡を訪ねました。孫廟郷から東に一キロほど行き、それから更に北に五百メートルほど行くと赤レンガの建物が見え、これがたぶん「五七」幹部学校の旧跡だと思いました。人に尋ねてみると、やはりそうでした。

地元の人が牛を引いて帰宅するところだったので、私は「五七」幹部学校について尋ねると、彼は「陳慕華[22]」が来たと答え（調査を要する）、ここが当時の対外経済委員会「五七」幹部学校だったと説明しました。彼は六十歳を越えていて、謝という名で、話し好きで、当時の下放労働のことを話してくれました。当時彼らはここに住んでいましたが、「五七」幹部学校が来たので、すぐに引っ越したということでした。「五七」幹部学校がなくなると、二つの増強部隊が来た。部隊が去ったので、彼らはここに戻ってきたのです……ここは元々彼らの土地だったのに、彼らは今、金を払って家を買って住み、金を払って土地を耕しているのです……　ここまで話すと、地元の人は泣き始めました……私も気落ちしました。

北京に帰って、母にこのことを話すと、母は、「第一陣が息県の手配された家に行くと、地元の人がまだお昼ごはんを食べていて、「五七」幹部学校が来るんだと言っていた。午後にもう一度行ってみると、家はもぬけの殻だった……と言うことだよ」と言いました。

この、人と財政を無駄にした「五七」幹部学校よ！「五七」幹部学校が農民の平穏であった生活をめちゃくちゃにしたのです。数十年が過ぎました。まだ回復していないなんて、本当に彼らに申し訳が立ちません！

地元の人は、「今の赤レンガの建物は全て部隊が作ったもので、「五七」幹部学校には建物がなく、みな土レンガの家に住んでいましたよ」と言っていました。昨日会った対外経済委員会「五七」幹部学校の老戦士の劉冬葵おじさん[23]は、このことについて、「六九年に私は息県の幹部学校に行った。その時には、羅山に物を運んでしまって、息県幹部学校には住居がなかったので、みんなテントに住んでいたなぁ……」と言っていました。

息県孫廟新庄は、対外経済委員会「五七」幹部学校の起点であり、一九六八年一二月四日に第一陣対外経済委員会「五七」幹部学校の戦士がここに来たのです。そして一九六九年一一月四日に撤退し、羅山県廟仙草廟労働改造農場（五一農場）に場所が移ったのです。

二〇一四年六月二二日

1 「珍宝島事件」、一九六九年三月、ウスリー川にあるダマンスキー島（中国名、珍宝島）で、中ソ国境警備隊による武力衝突が起きた。最近の研究では、ソ連が先に攻撃に出たことになっている。社会主義国家間の武力衝突として世界を驚かせた。

2 「三夏」は、旧暦の夏の三か月のことだが、五月下旬から六月中旬の農業において一番忙しい時期を言う。「三秋」は秋の三か月の忙しい時のことだが、「秋収・秋種・秋耕」の三つの仕事、すなわち秋の取り入れ、植え付け、休閑地を耕すことを指して言う。

3　「子供には腰がないから、仕事をしても疲れを知らない」は、老人の口癖。子供の体形は胸からお尻にかけてずん胴で腰がないように見える。それで、元気で疲れを知らぬ子供のことを、こう表現したのである。

4　「紅色旅行」の原文は「紅色旅游」。中国共産党の歴史に関わる土地を訪ね歩く旅行のこと。

5　「紅小兵」は、文革時、中国共産党の児童組織及びその構成員を指す。中国少年先鋒隊を一九六七年一二月に改称。一九七八年一〇月名称をもとの中国少年先鋒隊に戻す。

6　「十ムー」。中国の一ムーは約六・六アール。

7　「素質教育」の原文は「素質教育」。個人の資質を重視し、個性を伸ばし、のびのびと育てる教育のこと。『新教育課程標準（新しい学習指導要領）（二〇〇五年九月）が出されてから現在行なわれている。日本の「ゆとり教育」に近い。受験教育（中国語では「応試教育」）と対極の言葉。

8　「四書五経」は、儒教の根本経典とされる「大学」「中庸」「論語」「孟子」の四書と、「易経（周易）」「書経（尚書）」「詩経（毛詩）」「春秋」「礼記」の五種の書。

9　「勉強は無用」という害は、文革期の林彪・江青たちは、学者や専門家などは、「知識があればあるほど反動になる」として、勉強することに抑圧を加えた、

10　「管制」とは、一定期間一定の自由を制限して、公安機関の監督下で社会生活を送らせる中国独特の刑罰。

11　「紅色江山」とは、国の革命的な山河、歴史などのこと。

12　「林彪九一三事件」とは、一九七一年九月一三日、当時中国共産党副主席兼国防部長だった林彪が毛沢東暗殺を企て未遂に終わり、逃亡の途中にモンゴルで墜落死した事件のこと。

13　「五好戦士」とは、一九五八年に解放軍が定めた模範戦士の基準。一、努力してし

っかり学習すること　二、武器の装備や全ての公共物を愛護すること　三、事故を防ぐこと　四、生産し、節約すること　五、身体を鍛錬すること　という条件があった。

14　「根は赤くて、苗はまっすぐ」とは、文革時において、出身や思想がよいことのたとえとして使われた言葉。

15　「汪道涵（おう・どうかん）」については第七篇注9を参照されたい。

16　「大田」とは、穀物、工業原料、飼育作物などを作る広面積の田畑のこと。

17　「黄牛（こうぎゅう）」は、ウシ属肩峰牛系の牛。ミャンマー・タイ・中国・台湾などで飼育されている役用牛。毛色は淡褐色または暗褐色。

18　「王偉（おう・い）」については、第一六篇を参照されたい。

19　「雷家橋」は、北京市の北、懐柔県にある地名。北京市から約三十キロメートルはある。

20　この第一一篇には「附録」として四篇が載っていたが、『羅山条約』日本語版自序」と「『羅山条約』自跋」の二篇は割愛した。

21　映画館でのケンカの様子は、王耀平の小説『羅山条約』下巻（鎌田、山田、松尾、荻野共訳、二〇一七年一〇月、朋友書店）の第一九段に詳しく描かれている。

22　「陳慕華（ちん・ぼか）」、（一九二一―二〇一一）。女性。浙江省青田出身。一九六五年対外経済委員会副局長。文革で走資派として打倒されたが、七一年周恩来の助力で復活。七一年以後、対外経済連絡部副部長、部長。七八年以後国務院計画生育領導小組組長、主任を歴任し、一人っ子政策に関わる。

23　「劉冬葵（りゅう・とうき）」については、上巻第六篇を参照されたい。

第一二篇　子供のころのエピソード（観光局「五七」幹部学校）

劉軍

七〇年代初期のある夏、気持ちのいい日だったので、私はいつもと同じように朝早く起き、袁朝俊という名の老人のところまで走って行きました。袁さんはいつも朝、家で使う炉で蒸しパンを焼いて私にくれるのです。当時、私の両親は元の城郊公社沈畈大隊の境内にある観光局と服務局の五七幹部学校に留め置かれた数少ない農業生産技術指導員でした（編者注：国家観光局の前身は、一九六四年に成立した中国観光事業管理局だった。服務局というこの機構の具体的な状況については不詳）。

そして「五七」幹部学校の人たちと一つの大院[1]で衣食住を共にしていました。朝ごはんを食べると、私はいつも袁朝俊老人と一緒に牛小屋に行って、放牛をしていました（当時袁朝俊老人の主な仕事は放牛でした）。

「五七」幹部学校の講堂を通り過ぎると（牛小屋は講堂の前にありました）、きっと私の兄の劉建章と彼の同級生で友達の庄東明、呂泉、郭継光、周継芝、劉俊峰、韓憲智やのっぽの李明が（みな「五七」幹部学校の子弟でした）みんなで講堂の脇の運動場でバスケットボールをしていました。その横では王衛明と王衛紅の姉妹が遊んでいて、しょっちゅうそれを見ていました。ある時、劉俊峰（彼の父親は服務局でした）は私を見ると、私のことをからかって、三毛がまた放浪しているぞ、と言いました。

（私の幼名は三毛だったので、みんなそう呼んでいたのです）[2]。

私たちは牛小屋に行くと、袁さんは一方の手で折りたたみ椅子を持ち、もう一方の手で牛の綱と竹の棒を引っ張っていました。私は竹の棒のもう一方を引っ張り、袁さんの話を聞きながら彼の側を歩いていました。そして幹部学校の東にある小さな貯水池まで来ると、私は袁さんに前に貯水池で死んだ人がいたけど、あれは誰だったのと聞きました。袁さんは長らく何も言いませんでしたが、彼の目には涙がたまっていたのを見ました。それからかなりたって、その人は李萍という「五一六」分子[3]で、批判され、耐えられなくなって水に飛び込んで自殺したのだと袁さんから聞きました。当時私は大人たちの感情がわからなかったので、袁さんに、「五一六」分子とは何かと尋ねましたが、彼に、お前はまだ小さくてわからないのだからいろいろ聞くなと言われたので、このことは印象深く残っています。

ある時、私と袁さんが貯水池の南の田んぼで牛を放していると、観光局「五七」幹部学校で生産労働の責任者である趙瑞と私の父親の劉伝文が、観光局の陳慧娟（郭沫若[4]の通訳をしたことがあるという）と他の「五七」幹部学校の職員を連れて田植えをしているのを見ました。田んぼのあぜ道には「五七」幹部学校の大食堂が提供した間食用の白パンと塩漬け卵が置いてありました。当時「五七」幹部学校には田という姓のおばさんがいて、私にパンを食べさせてくれました。その時の「五七」幹部学校ではよく農作業をしていたので、その季節になると忙しくなりました。農業の繁忙期で残業する時、「五七」幹部学校の大食堂では間食に食べる食事を田んぼのあぜ道に運んだので、作業をしている人たちは私たち子供たちにも白パンや塩漬け卵を食べさせてくれました。このようなことはその二、三年によく見られました。しかし七一年から「五七」幹部学校の人員はだんだんと撤退し、最終的に七二年の春にはいなくなってしまいました。彼らはどこかに行ってしまいましたが、思い出だけは私の頭の中に終生残っているのです。

二〇一四年五月一四日

編者注：

劉軍のこの文章は対外経済委員会「五七」幹部学校を回想する文章ではない。けれど「観光局（旅游局）」を回想する文章は少なく、単独で本にすることができないので、この「外経篇」という場を借りて発表した。

観光局「五七」幹部学校があった場所は、今の羅山駅あたりだろう。ここから汽車に乗って南に行くと東莞、厦門に行き、西に行くと蘭州、西寧、西安に行き、東に行くと上海、寧波、温州に行ける。

羅山駅は二〇〇二年、信陽市羅山県龍山郷に建てられた。武漢鉄道局に属し、現在は三等駅である。二〇〇五年八月、羅山駅は貨物輸送業務を開始し、二〇〇六年四月一八日から旅客運輸業務が始まり、これで旅客列車がない歴史に終止符を打った。羅山駅では年間の発送貨物量三十五万トン、旅客数十五万人を想定している。羅山県の町を走る主要幹線の江淮路が駅広場に通じている。

寧西線が開業したことで、羅山及び周辺の人々が出かけるのに便利になった。また羅山の交通の地理的優位を高め、羅山の経済発展を大いに促進し、人民の長年の夢をかなえた。

羅山駅は対外経済委員会「五七」幹部学校第三中隊があった場所の東北方向にあり、そこから駅を見ることができる。

劉軍（りゅう・ぐん）：一九六四年、河南省羅山県に生まれる。現在羅山県林業局に勤務し、中心苗圃書記、兼林業場長。

1 「大院」とは、屋敷のこと。もともとは軍や政府機関などの塀で囲まれた大きな敷地で、住宅なども含まれる一区画。

2 「三毛」は、一九三五年から張楽平によって描かれた『三毛流浪記』の主人公でもある。日中戦争により上海で路上生活する孤児たちの様子を伝えるものであった。現在ではそのイメージは、二一世紀に生きる普通の健康的な学生になっている。

3 「五一六」分子については、第六篇注4を参照されたい。

4

「郭沫若（かく・まつじゃく）」、（一八九二―一九七八）は、四川省楽山県に生まれる。一九一八年九州帝国大学医学部に入学。二一年成仿吾や郁達夫などと創造社を設立。二二年詩「女神」を発表。二七年中国共産党に加入。日本に亡命。『中国古代社会研究』を発表。四二年戯曲『屈原』を重慶で発表。中華人民共和国成立後、中国科学院初代院長。五〇年全国文学芸術連合会主席。五四年全人代常務副委員長。六六年四月一四日「私が以前書いた全てのものは焼き尽くすべきで少しも価値がない」と自己批判する。

第一三篇　第二回羅山「五七」小戦士集会開催への祝辞

李城外

第二回『羅山〝五七小戦士〟思い出の旅』組織委員会の皆様‥

毛主席による「五七」指示の発表から四十七年目にあたる今年、北京「五七」小戦士懇親会が、河南省信陽市羅山県で開催されますことに、心よりお祝いを申し上げます。

皆様から熱心なお誘いを頂戴し、私も学習交流会に参加する予定でしたが、急な仕事が入ったため、やむなく予定を変更することになってしまいました。盛会に参加できないことが、残念でなりません。

幹部学校時代の友情を大切にし、懇親会を開催し続けることによって、皆様は幹部学校文化の発掘と救済の一端を担い、一定の成果をあげておられます。例えば、十年前には中華全国総工会の黄暁敏氏がフランス語版の小説『玉山』(またのタイトルは『翡翠山』)[1]を出版されましたし、少し前には対外経済貿易委員会の王耀平氏が長編小説『羅山条約』(二〇一〇年人民文学出版社出版)[2]を出版されました。どちらの書籍も幹部学校文化に大いに光を当てたもので、幹部学校の歴史資源及び文化資源の保護と発掘に貢献しました。私は、幹部学校文化の研究に取り組む民間組織の責任者として、皆様のご尽力に対して心からの敬意と感謝の意を表します。

皆様方の多くはすでに引退された年齢ですが、「五七」小戦士の友情は熟成させた美酒のごとく、なお芳しさを増しています。今回の「思い出の旅」によって、「五七」小戦士の友情はさらに深まることでしょう。また、今回の旅によって、幹部学校文化の研究材料はより豊富に、研究基盤はより強固なものになり、幹部学校文化研究を大きく前進させることができるでしょう。

この「思い出の旅」はまたとないチャンスです。今回の旅のすべての活動内容を文字及び音声画像で記録する専任担当者を置くべきです（とりわけ五月七日午後に羅山ホテルで開催される懇親会については、有能なルポライターが書けば、将来の「五七」幹部学校史に残すこともできるでしょう）。そして、すみやかに回顧録をまとめ、早急にそれらを出版すべきです。

幹部学校研究の分野においては、長年にわたり、湖北省向陽湖文化研究会及び中国「五七」幹部学校研究センターが一歩先を進んできました。私や同僚たちはこれまでに膨大な量の仕事をしています。私たちは『向陽湖文化叢書』[3]や『向陽湖文化という新分野はどのように開拓し確立されたのか』等の書籍を出版し、『向陽湖文化報』を編集発行しました。また、『向陽湖と中国五七幹部学校研究』というサイトを開設し、『城外中国五七幹部学校資料収蔵館』を建設しました。さらに、『中国「五七」幹部学校のこれまで』や『中国「五七」幹部学校研究』等の専門書を編集しています。そして、さらなる成果を上げるために、全国規模で「五七」幹部学校の研究に力を注いできました。当時の「五七」小戦士の皆様と、幹部学校の研究に熱心な学者の方々が我々との関係を強化して、より豊富な資料が研究センターに提供されることを希望します。

我々は協力し、「一八大精神」[4]の教えに基づいて、歴史的文化を救済し、研究成果を積み上げ、研究内容を広く伝えて参りましょう。

「思い出の旅」のご盛会をお祈り致します。

湖北省向陽湖文化研究会会長
咸寧市委員会党校中国五七幹部学校研究センター主任
李城外
二〇一三年五月七日

【李城外の肖像】

李城外（り・じょうがい）：一九六一年八月生まれ。原籍は湖北省通山。中国作家協会会員、湖北省委員会党校修士指導教官、武漢大学兼職教授。現在は、咸寧市檔案館館長、中国五七幹部学校研究センター主任、湖北省向陽湖文化研究会会長、城外中国五七幹部学校資料保存館館長。『向陽湖文化叢書』の編纂等、「五七」幹部学校についての研究書が多数。中国における「五七」幹部学校研究の第一人者。

1　『玉山』については、第一九篇14を参照されたい。

2　日本語版『羅山条約』が、鎌田純子・松尾むつ子・山田多佳子・萩野脩二共訳『羅山条約――悪ガキたちが見た文化大革命』上下として、朋友書店から二〇一七年に出版されている。

3　『向陽湖文化叢書』は、二〇一〇年一〇月、武漢出版社、全七冊。この叢書のうちの一冊『話説向陽湖――京城文化名人訪談録』の抄訳が、二〇一三年六月、九月、朋友書店から『追憶の文化大革命――咸寧五七幹部学校の文化人』上下、萩野脩二・山田多佳子共訳として出版されている。

4　「一八大精神」とは、二〇一二年の中国共産党第一八回全国人民代表大会（一一月八日から一四日まで）で採択された基本方針。「中国の特色ある社会主義の道に沿って揺るぎなく前進し、ややゆとりある社会（小康社会）の、全面的建設のために奮闘しよう」ということ。習近平・李克強ら新指導部が中央委員に選出された。

第一四篇　第二回羅山「五七」小戦士大集会における発言

丁兆林

尊敬する指導者の方々、女性の皆様、男性の皆様、友人の皆様‥

みなさん、こんばんは！

信陽毛尖[1]が香り、寧夏のクコの実が甘く熟れるこの時期、この羅山の地で、第二回羅山「五七」小戦士懇親会が華々しく開幕しました。この懇親会は、昔を懐かしむと同時に、未来に目を向け、友情を深め、文化交流を促す場です。この場をお借りし、寧夏石嘴山市文化・ラジオ・テレビ・観光局局長である楊帆に代わりまして、この度の懇親会開催に対して心よりのお祝いを申し上げます。また、第二回羅山「五七」小戦士懇親会のご盛会を願うとともに、皆様の羅山でのご多幸を祈り、心からのご挨拶を送ります。

この度は、組織委員会と王耀平氏からお招き頂き、第二回羅山「五七」小戦士懇親会に参加する光栄に与りました。関係各位、そして、かつて羅山にあった「五七」幹部学校で鍛錬の日々を過ごした指導者の方々並びに同志の皆様に、切に感謝申し上げます。

四十年以上前、まだ子供だった私たちは、生まれ育った首都北京に別れを告げました。そして、両親や祖父母たちと一緒に、風塵にまみれながら河南省羅山を目指しました。羅山には、美しさと希望にあふれ、茫漠として不思議で、生涯忘れることのない私たちの子供時代と青春の日々が今なお残されています。幹部学校での暮らしの中で、私たちは多くのことを経験し、多くのことを学び、多くのことを知りました。羅山の風景は私たちの胸に色鮮やかに存在し続けています。美しい椿の花、まっすぐに伸びる松柏、青空に浮かぶ白い雲、それらが私たちの心に深く刻まれているのです。

あの特殊な歳月によって、私たち子供は鍛錬され、意志を磨かれ、生活態度を鍛えられました。そのおかげで、私たちは人生の荒波に立ち向かうことができるようになったのです。ともに忘れ難い経験をしたことによって、生涯にわたる友情と絆が結ばれました。そのおかげで、私たちは手に手を取って複雑な世の中をともに歩むことができました。困難にくじけることなく、結束して前進し、偉大なる中華民族精神に恥じない生き方ができたのです。四十年という時間の経過で、世の中の様相は大きく変わりました。祖国は国力を増し、人々は幸せな暮らしを送り、私たちは自身の夢を実現させています。白髪の年齢になった今でもなお、私たちは羅山の風景に消えることのない親しみを感じ続けているのです。

親愛なる友人たち…

過去への扉を開いてみましょう。歩んだ足跡は今もくっきりと残り、青春の歌声は高らかに響き、ほこりに埋もれた物語には今なお浪漫が溢れています。あの美しい花たちは、羅山の地で静かに咲き続けているのです。

一九六六年五月七日、毛沢東同志が「五七」指示を発表し、一九六八年には毛沢東同志の呼びかけにより、中央政府も地方政府も、こぞって「五七」幹部学校を設立しました。これらの「五七」幹部学校へ、数多くの幹部や知識分子たちが労働鍛錬のために下放させられました。彼らの下放期間は十年以上の長きにわたりました。この歴史を正確に把握し解明するため、また、この特殊な歴史を客観的に展示し、「五七」幹部学校の歴史を伝えるために、私たちは寧夏石嘴山市にあった国務院直属単位「五七」労働学校[2]の旧跡（自治区級文物保護単位に制定されている文化遺産）に国務院直属単位「五七」幹部学校博物館を開設しました。博物館という形であの歴史と文化をわかりやすく展示しているので、あの時期を実際に生きた人たちはあの時代を振り返ることができ、あの時期を知らない世代の人たちはあの歴史を理解することができます。今、博物館では幹部学校時代の現物や写真、大量の文献を展示しています。展示レイアウト、ショーケース、復元された景観によって、あの時代の特徴を鮮やかに表現しています。皆様、どうぞ「塞上の江南」寧夏川へ観光にいらして下さい。美しい沙湖を旅してください。魅力あふれる石嘴市星海湖畔にある国務院直属単位「五七」幹部学校博物館と文化園を参観して下さい。

この場を借りて、お願いです。どうか第三回羅山「五七」小戦士懇親会をぜひ寧夏石嘴山市で開催して下さい。そのためならば、私は身を粉にして働く所存です。

「五七」幹部学校博物館及び文化園の内容をより充実させ、拡大させるため、私たちは「五七」幹部学校に関する資料や現物の寄贈を広く募っています。皆様がご自身の意志で、石嘴山市「五七」幹部学校文化園へご寄贈下されば嬉しく思います。資料を寄贈して下さった方には、感謝の意を表して賞状をお渡ししています。
　現在寄贈をお願いしているのは次のものです。
一、「五七」幹部学校の政策文書、各種通知、記録、名簿、図絵；
二、「五七」幹部学校時代の学習ノート、業務日誌、手紙と封筒、幹部学校の配給券等；
三、「五七」幹部学校時代の写真；
四、「五七」幹部学校の各種規則及び管理方法等；
五、回顧録と記念懇親会開催に関する資料；
六、「五七」幹部学校を題材にした小説、詩歌、エッセイ、シナリオ、歌曲、書画等の文芸作品；
七、記念切手、はがき、記念バッジ、記念証等；
八、幹部学校内の各種生活用具等。
　最後になりましたが、かつて国務院「五七」労働学校ですばらしい時間をともに過ごした友人である、北京大学の黄教授[3]から託された一文をご紹介します。『巡り会い』と題されたこの一文を励みに、皆様これから一緒に頑張ってまいりましょう。

　　『巡り会い』
どこからやって来たのかは関係ない。私たちは羅山のふもとで巡り会ったのだ。

羅山にやって来た理由も関係ない。私たちはお茶の木の傍で巡り会ったのだ。

これからどこへ行くのかも関係ない。私たちはあの場所で巡り会ったのだ。

私たちは同じ土地を踏みしめ、同じ水路を渡り、同じ運命の歌を歌った。

今いる場所は関係ない。私たちが思い出すのは巡り会ったあの場所だ。

心に残ったものが何であるかも関係ない。私たちが思い出すのは巡り会ったあの場所だ。

違う暮らしをしていても、生涯忘れることはない、巡り会ったあの場所を。

私たちは生涯の友です。

指導者の方々、女性の皆様、男性の皆様、友人の皆様、皆様が楽しく健康にすばらしい日々を送れますようお祈り致します。

どうもありがとうございました。

二〇一三年五月七日

【丁兆林の肖像】

丁兆林（てい・ちょうりん）：一九五二年八月生まれ。回族。原籍は河北省石家庄。元寧夏石嘴山市全国人民代表大会民族宗教外事僑務工作委員会主任。一九七二年六月、知識青年として国務院直属単位「五七」学校（幹部学校）にあった製紙工場で働く。羅平県[4]製紙工場工場長、平羅県規律検査委員会常務委員、渠口郷党委員会書記、陶楽県委員会副書記、石嘴山市司法局常務副局長を歴任。二〇〇七年以降は、長きにわたり「五七」幹部学校の歴史研究及び文献収集を行なっている。石嘴山国務院直属単位「五七」幹部学校博物館（旧跡）建設の計画、プロジェクトの立ち上げ、設計、資料の収集整理に際し、大きな貢献を果たした。また、これまでに全国の「五七」幹部学校旧跡を五十か所以上訪れている。

1 「信陽毛尖」は、中国十大銘茶のひとつ。葉が細く先端が尖っている。

2 この「国務院直属の五七幹部学校」には、教育部長であった周榮鑫や、北京大学教授で言語学者であった周有光などが下放した。

3 「黄教授」は、北京大学マルクス主義学院の名誉教授・黄南平。国務院直属単位「五七」幹部学校の子弟。

4 「羅平県」には、製紙工場がない。平羅県の間違いだと思われる。

第一五篇　羅山との永遠の絆

方偉

「五七」小戦士が羅山に集まった時、私は羅山側の責任者として働きました。そのため、彼らへの思い入れも深く、今回記念の文章を書くことになりました。北京と羅山の友人たちが、今回結ばれた絆を互いに大切にすることを願っています。

王耀平は、今回、羅山県政治協商会議の招きを受け、講座を開くために羅山を訪れました。そのとき、彼は、北京の「五七」小戦士が去年「五七の道を再び歩んだ」ときの全行程を記録したディスクを携えてやって来ました。私はこのディスクを受け取るべき人物ですから、当然のこと一枚手に入れることができました。けれども、それを見る時間がやっとできたのが今日のことです。私はディスクを繰り返し再生しました。何度も見ているうち、私が幹部学校とのかかわりを深めてきた今回のいきさつが、ディスクと同じように心の中で再生されました。

まず、毛沢東主席の「五七」指示という『天の時』がありました。そこに、「五一農場（信陽監獄）」が一時閉鎖となり、羅山には土地も建物も豊富にあったという『地の利』が加わりました。そうして、この辺鄙で小さな羅山県は、北京にある十以上の部や委員会の「五七」戦士及び彼らの子供たちである「五七」小戦士と『人の和』を結ぶことになったのです。当時の彼らにとって、羅山での暮らしは苦難であり、辺境への左遷であり、煉獄でした。多くの「老戦士」や「小戦士」が羅山で永眠しています。

けれども、あれから四十年がたった今、この歴史は北京と羅山双方にとって、共通の思い出となり、共通の財産となりました。

当時の羅山がいかに貧しく遅れた土地だったとしても、また、彼ら「小戦士」が羅山でどれほど辛く苦しい目に遭ったとしても、彼らが羅山を忘れることはありませんでした。彼らは北京で何度も集まり、何度も相談し、ついに、毛沢東「五七」指示発表四十七周年となる二〇一三年に、およそ八十人の団体で、はるか北京から四十年余り離れていた羅山へ戻ってきました。そのとき、彼らは持参したカメラで全行程を記録しました。それから一年後、「五七小戦士」の一人である応旗[1]監督の入念な編集作業を経て出来上がったのが、私が今日何度も見たディスクです。

私は羅山で生まれ育った人間です。私の家は県城の南東十キロの廟仙通りにありました。一九六九年、「五七」幹部学校が羅山にやって来たとき、私は十一才でした。歩いて県城に行くには、樊寺にあった中華全国総工会の「五七」幹部学校を通り抜けるか、あるいは、草廟にあった対外経済委員会の「幹部学校」を通り抜けるしかなかったので、「五七」幹部学校にはある程度馴染みがありました。当時の私は、幹部学校の人たちは色白で、西洋風で、きれいな標準語を話し、温和だという印象を持っていました。とはいえ、実際に彼らと接触したり、付き合うことはなかったので、彼らのことをさほど理解しているわけでも、彼らに思い入れがあるわけでもありませんでした。

私と「五七」幹部学校との関係ができたのは、王偉[2]がきっかけです。二〇一二年一〇月初旬、王偉が私に一冊の本をくれたのです。それは『羅山条約』という本で、北京の「五七」幹部学校にいた王耀平が書いた本でした。王耀平は北京を離れてから、ここ数年はしょっちゅう羅山に来ています。その彼が「羅山バー」のホームページの掲示板に、十里塘にいる「曹平」という人[3]を探すのを手伝ってほしいという書き込みをしたことがありました。そのとき王偉は王耀平の人探しを手伝い、それで関係ができて、友人になったのです。『羅山条約』ができたとき、王耀平は王偉に序文を依頼しました。本が出来上がった後、王偉は当然ながらこの本を手に入れ、それで私にもくれたのです。本を読んで感動した私は、すぐに「読後感」と題した一文を書き、自分のブログに掲載しました。これを見た王偉が、私のブログのことを王耀平に伝えました。王耀平はすぐに私のブログを訪れ、足跡を残しました。そこで、今度は私が彼のブログを訪ね、そこに私が書いた「読後感」が転載されているのを見つけました。また、彼のブログに掲載されていた「さよなら、羅山（一―三）」という文章を読んだ私はとても感動し、心にこう誓ったのです。羅山の幹部たちに『羅山条約』という本のことを知ってもらわねばならない、北京に羅山を愛する人がたくさんいるということを、必ず羅山の幹部たちに知ってもらいたいと。

二〇一二年一〇月二六日、私は王耀平が北京から送ってくれた『羅山条約』が入った箱を受け取りました。私はその書籍を、政治協商会議の江力[4]主席と、県委員会事務室副主任で機関事務管理局の余文亮局長に送り、余文亮局長から羅山県委員会書記、県長ら指導者たちに渡してくれるようお願いしました。一一月二二日、王偉から王耀平が近く羅山を訪れることを聞き、私は「羅山好」と題する一組の詞[5]を作り、彼が来たときにその詞を彼の前で書いてくれるよう、羅山の友人にお願いしました。書いてもらった詞は王耀平に贈るつもりでした。

一二月四日、王耀平が羅山に到着したことを、王偉が電話で知らせてきました。私はその夜に、県のホテルで彼と会いました。「豪快で気前のいい大男」というのが、彼の第一印象です。翌日、私は王耀平がやって来たことを余文亮に知らせました。余文亮は謝奎偉主任に王耀平をきちんと接待できる新都ホテルに招待するよう手配させました。昼、県委員会の許書記、県委員会事務室主任、政治協商会議の江主席、余文亮らが王耀平をもてなしました。私と王偉も陪席しました。その席で、王耀平は信陽と羅山の境界で撮影した老澌河大橋の写真を許書記に見せました。そして、この橋の橋脚部分にあった土砂が流されてしまい、今では数本の木の杭が支えているだけの状態なのに、それでも倒れることなく橋はどっしりと立っている、この橋は「不死身の橋」ではないかという話をしました。その夜は、また江主席が宴会を設けて王耀平を接待し、二十人ほどが陪席しました。盛大な宴会で、皆が代わる代わる酒を勧めるので、私は王耀平が酔いつぶれてしまうのではないかと心配で、ずっと彼を押しとどめていました。翌日、私と王偉は王耀平のお供をして、当時王耀平らがいた「五七」幹部学校を訪問し、彼が住んでいた建物を探して、写真をたくさん撮りました。

一二月六日夜、王耀平がブログに載せた「不死身の橋」の写真が、いくつかの大手サイトに転載され、それがあっという間に広がって、大きなニュースになってしまいました。省の指導者から電話で市に問い合わせが入り、次に、市から県に電話で問い合わせが入り、最終的に私のところへ電話がかかってきました。私は「たいしたことではありません。どのみち壊れた橋なのだから」と説明しました。翌日、省のメディアの記者二名が私に連絡してきて、取材の申し入れがありました。私は彼らを県委員会宣伝部に連れて行き、こう説明しました。「一つ、この橋は八十年以上前に造られたもので、すでに使われなくなってから四十年以上が経過しています。かりに倒れることがあったとしても、そのことで責められる人間は誰もいません。二つ、橋を支えているのは木の杭ですが、これは当時の一般的な架設工法でした。橋が使われなくなって四十年以上がたつことに加え、下流での採砂や、水流による浸食で、橋脚の下の土砂が流失し、木の杭が露出してしまったのです。これは自然な状況です。材料をごまかしたわけでもないし、腐敗や横領とも無関係ですし、手抜き工事をしたわけでもありません。三つ、王耀平は「五七」小戦士であり、四十年前、彼らはこの橋を通って羅山へやって来ました。彼には羅山に深い思い入れがありますし、作家でありカメラマンでもある彼は、羅山への愛情からこの「不死身の橋」の写真を撮ったに過ぎません。どうか私のこの言葉をありのまま社会に公表してください。橋の現場を調査してもらっても構いません」。記者たちは、「すでに現場は見てきました。現場の状況は、あなたの説明とほぼ同じでした」と言いました。かくして、世論はすぐに向きを変えました。この橋の架設工法がいかに科学的であるか、橋がいかに丈夫で、いかに「不死身」であるかを、一斉に称賛することになったのです。中央電視台の番組『東方時空』では、「不死身の橋」が辿った紆余曲折のすべてが報道されました。王耀平が撮った一枚の写真は、一晩のうちに世界に羅山の名を馳せることになったわけです。

二〇一三年一月二一日（旧暦一二月九日）、放浪中の王耀平が再び羅山にやって来ました。私と王偉は羅山ホテルで耀平と会い、翌日は、孔子が子路に渡し場を尋ねさせた場所や霊山寺を耀平と一緒に見物しました。彼がやって来たのは、おそらく北京の「五七」小戦士が羅山で集まることについて私たちと相談するためだったと思いますが、細かいことははっきりと覚えていません。

二〇一三年四月二〇日には、「五七」小戦士が羅山で集会をすることは、すでに私のスケジュールに入っていました。というのも、この日に、私は「五七」小戦士を歓迎する絶句を書いたからです。絶句の第四首の最後の句は、「この羅山との絆は永遠なのだから」というものでした。

この後しばらくは、北京と羅山双方がこの集会の準備をする期間となりました。北京側の状況について、私はよく知りません。私がお話しできるのは羅山側の状況だけです。

私は政治協商会議の江主席と余文亮局長に、小戦士たちが羅山を訪れる日取りを報告しました。私たち三人が相談してまとめた意見は、「もてなしは民間がする。役所はサポートをする」でした。というのも、北京側は何かの組織や団体ではないからです。小戦士たちが自発的に起こした行動ですから、これに合わせて羅山側も民間主体でもてなすべきだと考えたのです。私は県委員会の機関に二十年以上いたので、政府側の状況は熟知していますし、今はすでに官職を離れて民間人の立場にあるので、表に立つのに適任です。そこで、私は指導者たちから今回の接待のリーダー役を任命されました。

　私の仲間たちが接待のチームを自発的に結成してくれました。王偉と奥さんの汪正栄は、北京側との連絡を絶やさず、互いの状況を知らせ合いました。熊武[6]は書画界の友人である余憲金、沈慧、顧正雲らと文化的な贈答品の準備をしました。また、熊武は実業家の銭暁玲と中医院の王俊院長に声を掛け、彼らに民間人の立場で集会に何か力を貸してほしいとお願いしました。呉志剛は文信芸術団を結成し、集会を盛り上げるために約一時間の演芸プログラムを用意しました。北京側から、宿泊は必ず羅山ホテルをという要望があったので、私はすぐにホテルと社長の呉さんに連絡しました。北京からの特別な客人をもてなすのだと聞かされた呉社長は、できる限り便宜を図ることをその場で約束してくれました。

　あれから一年、あのとき臨時で結成した接待チームには心から感謝しています。もとより私はすでに官職を離れた身でしたが、たとえまだ私が現役の役人だったとしても、先に述べたような方々にはお願いできなかったでしょう。接待チームの人間は、純粋に「五七」小戦士の羅山への深い愛情に感動して、自ら望んでもてなしの仕事をしたのです。

五月三日、小戦士たちが北京を出発しました。四日、信陽に到着した彼らは南湾湖と鶏公山を観光し、五日午後に、羅山に到着しました。私と王偉夫妻は羅山との県境にある浉河橋のあたりで一行を迎え、まず「不死身の橋」を見物し、それから羅山ホテルに行きました。呉社長は特別な客人たちの宿泊先をすばらしい手際で手配しました。夜には、政治協商会議の江主席がホテルに駆けつけ、北京側の責任者と顔を合わせました。六日、私と王偉夫妻は皆と一緒に霊山寺を見学に行きました。山門では羅山観光局が派遣したガイドが私たちを待っていました。霊山寺に入ると、学悟住職が現れ、皆と一緒に記念撮影をしました。昼食後は、何家沖へ行き、紅二十五軍の長征出発地を見学しました。鉄鋪郷の方奇は仕事を中断して、皆のためにボランティアガイドを引き受けてくれました。七日午前は、小戦士たちがそれぞれ自分のいた幹部学校を訪ねました。午後は、毛沢東主席「五七」指示四十七周年の記念日である五月七日という、小戦士たちの人生を変えたこの日を記念して、羅山ホテルで大々的な集会が行なわれました。

五月七日午後二時、「五七」小戦士たちが次々に羅山ホテルの宴会場に集まり始めました。北京から来た小戦士がほとんどで、彼らはおよそ八十人、あとは上海や鄭州からやって来た少数の小戦士です。寧夏回族自治区石嘴山市の全国人民代表大会民族委員会の丁兆林[7]主任と、文化局の李樹青処長も出席していました。湖北省咸寧市の「五七」幹部学校研究センター主任の李城外[8]氏は都合がつかず参加できませんでしたが、四名の研究生が代わりに参加していました。このほか、羅山出身の教師や同級生代表らが、われわれ接待チームに加わってくれました。当夜の出席者は約百四十名、テーブルの数が十四だったので、よく覚えています。

文信楽団による一時間ほどの演目が終わると、小戦士の司会者、謝君さんから開会が宣言されました。私は羅山側を代表して最初の挨拶を行なうことになっていました。私は皆の帰郷を歓迎し、羅山の書家や画家が今回のためにいくつかの作品を制作したことを伝えました。実業家の銭暁玲の言葉を借りれば、「ささやかな贈りものだが心がこもっている」、心ばかりのお祝い、ということです。

そのあとは、幹部学校ごとに代表者が挨拶しました。彼らの発言をまとめると、次のようになります。一つ、四十三年の間、羅山を離れていたが、ついに戻ってくることができて非常に嬉しい。二つ、羅山は自分たちが独り立ちを始めた場所であり、自分たちの人生観、世界観、価値観はここで形作られたものだ。自分たちの成長に羅山が果たした役割はとても大きい。三つ、羅山の大地が自分たちを育ててくれた。羅山には非常に深い親しみを抱いているし、深く感謝している。羅山は自分たちにとって第二の故郷である。四つ、羅山がますます素晴らしい場所となるよう、また、羅山と北京の友情が永遠に続くように願っている。大体このような内容だったでしょう。あれから一年がたち、あのときの彼らの、心からの激情にあふれた発言を再び耳にすることができて、私は胸が熱くなりました。

　集会が終わるとき、私は羅山側を代表して、「五七」小戦士たちから感謝のしるしの錦旗を受け取りました。このときの旗は、政治協商会議の私の事務室の壁にずっと掛かっています。現在、信陽市政治協商会議と羅山県政治協商会議は「五七」幹部学校関連の資料の整理収集を進めているところです。耀平が今回羅山で講演をしたのも、招きに応じてのことです。あの錦旗は数多くある「五七」幹部学校関連の文物の中でも重要な品であると私は確信しています。あの旗は、羅山と北京の友情の証人であり、象徴なのですから。

　「五七」小戦士たちが羅山に帰郷し、「五七の道を再び歩んだ」集会から、すでに一年余りが過ぎました。けれども、羅山と北京の交流も友情も過去のものにはなっていません。北京と羅山は協力してテンセントQQ公式アカウントを立ち上げ、運営しています。そこでは多くの人々が交流しており、とても活気があります。私自身はめったにそこを訪れることはないのですが、皆の交流の様子は知ることができます。北京では今、『回想の羅山』という本を出版する準備が進められています。羅山政治協商会議でもチームを作り、「五七」幹部学校に関する資料を整理収集して、出版のための作業を行なっています。

少し前に、私は出張で北京を訪れ、北京にいる兄弟姉妹たちと食事をしました。五月三日という、昨年皆が羅山に帰郷するため北京を出発した日に、私は北京の物資部の所在地だった場所を訪れ、北京在住の「五七」小戦士たちがしょっちゅう集まっているというホテルで、皆と会いました。彼らと酒を飲み記念撮影をしたのですが、先に帰った者も含めると北京側の人間は十九人でした。私に会ったときの彼らの親しみ深い様子は、何とも言えないものでした。私にはわかっています、皆は私をもてなすと同時に、「羅山」をもてなしてくれたのだということを。あのとき、私はどこかの主席でもなく、単なる友人でもありませんでした。皆は私のことを故郷から来た身内として迎えてくれたのです。

「五七」幹部学校と巡り会ってからの一連の出来事を思い起こすと、私はあの日々が懐かしくなります。

甲午（二〇一四年）五月二一日

附詩三組：

【第一組】もうすぐ羅山へ戻る、北京の「五七」小戦士のために詠む

今年五月七日、毛沢東「五七」指示発表四十七周年にあたり、北京在住の羅山「五七」小戦士が約百人の団体を組んで、羅山を観光し、羅山で第二回懇親会を開催する。このことを記念し、詩を詠む。

一
また新たな春が巡り来て、
春風が馬前の塵を払っていく。
どうか見てほしい、都からの客人を。
彼らはかつて羅山の住人だった。

二
仲間を呼び合い、彼らは続々とやって来た。
三月、羅山の町は花が満開だ。
道すがら、青々とした柳を見た。
あれはきっと、あの頃彼らが植えた木々だろう。

三

赤レンガ造りの古い兵舎、
崩れた壁、干上がった池、荒れはてた小道。
目の前には、青々とした草が広がるばかり。
彼らは朦朧として、果てしなく広がる大地へ足を踏み入れる。

四

出会いの記念に、杯を交わす。
宿での歌声は、冷たい川に轟いた。
童心は春の景色とともに消えはしない。
この羅山との絆は永遠なのだから。

注：「五七」指示が発表されたのは一九六六年五月七日で、今年が四十七周年である。一九六八年一〇月、毛主席は黒龍江省委が柳河「五七」幹部学校を創設したことについて、「広範な幹部が下放して労働する、これは幹部にとって……」で始まる指示を出したが、この最高指示が発表されてから、今年は四十五周年である。この指示によって、全国の機関単位が「五七」路線を歩むことになった。

【第二組】北京にいる羅山「五七」小戦士が設けてくれた宴で詠む

注：二〇一四年四月一日、私と王国欽ら四人は北京へ行き、三日夜に「五七」小戦士たちから宴会に招待された。五時、私は予定通りに北京西城区釣魚台甘家口近くの物資部のあった場所に到着した。元「羅山五七小戦士」である翟亜莎ら数人が私より先に到着していた。六時頃、続々と人が集まり始め、二十人ほどになり、皆は意気投合して、酒を手に思い出を語り合った。羅山の話題になると、私は胸いっぱいになり、わけもなく嬉しくて、宴会の盛況を記念し、詩を詠んだ。

初夏の都に、柳の花が舞う。
夕暮れ、路地裏の紅楼には小雨が降りかかる。
兄弟姉妹らとともに、
テーブルに並んだ酒肴を囲む。
彩灯の明かりの中、皆が笑っている。
美しい杯を上げると、酒が服に染みる。
歳月が流れても、友情は残る。
羅山は彩雲の帰郷を歓迎する。

甲午四月五日

【第三組】王耀平兄のサイン本『羅山条約』を手にした感慨を詠む

封を開くと、かすかに墨痕の香り。
そこにあるのは四十年の長きにわたる物語。
時代に流され、幹部学校へ行くこととなり、
夢は落ち葉とともに辺境の地に散った。
牛小屋では人が幽霊となることに見慣れ、
町では虎や狼の争いに驚いてばかりいた。
幸い、ここに羅山条約がある。
読めば、果てしなく広がるあの大地を感じることができる。

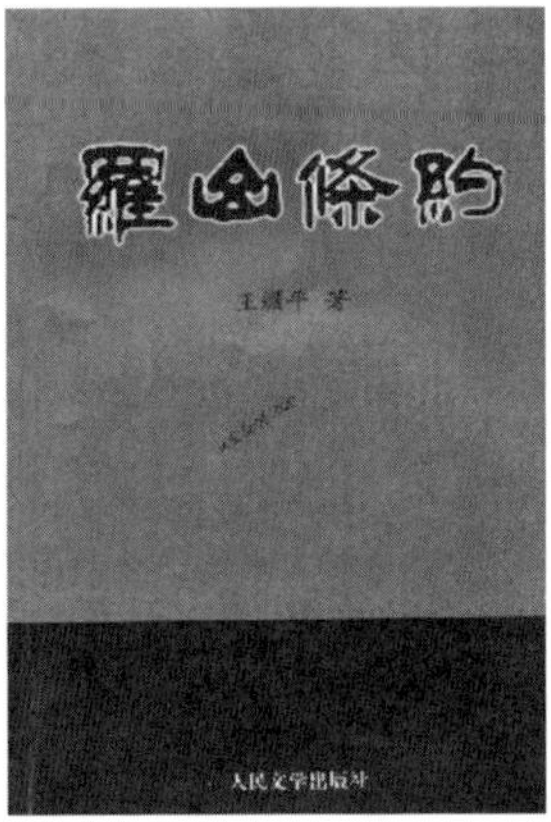

【王耀平の小説『羅山条約』の表紙
人民文学出版社、二〇一〇年八月】

方偉（ほう・い）：号は濯纓軒主人（濯纓）。一九五八年一二月生まれ。河南省羅山県の人。元県文連副主席。二〇一八年、『詩刊』の陳子昂[9]年度詩詞賞受賞。現在、河南省詩詞学会副会長、酔根詩社社長。詩文集『濯纓インターネット詩文選』、『南行詩文抄』、『濯纓集』等を出版。学術専門書『詩経との出会い』（第一編）、『論語類編』の二冊を今後出版予定。

1　「応旗（おう・き）」は王耀平の小説『羅山条約』の「序三」を書いている。なお、二五頁と一四八頁の写真も参照されたい。

2　「王偉（おう・い）」は王耀平の小説『羅山条約』の「序六」を書いている。第一六篇を参照。

3　「曹平（そう・へい）」については、第一一篇を参照されたい。一四七頁に写真がある。

4　「江力（ごう・りき）」については、上巻の「序言」を参照されたい。

5　「羅山好」については、上巻の巻頭の詞「憶江南・羅山良きところ」を参照。

6　「熊武（ゆう・ぶ）」は、羅山の書家で、原著の『回望羅山』という本の題字を書いており、日本語版の題字『回想の羅山』も彼の筆になる。

7　「丁兆林（てい・ちょうりん）」については、第一四篇を参照されたい。

8　「李城外（り・じょうがい）」については、第一三篇を参照されたい。

9　「陳子昂（ちん・すごう）」（六六一―七〇二）は、四川省の人。盛唐の詩人李白・杜甫などの先駆をなす初唐の革新的な詩人とされる。「幽州の台に登る歌」などが有名。

第一六篇　朋あり遠方より来たる

王偉

朋あり遠方より来たる、亦た楽しからずや[1]。今年二月、約束通りに北京から羅山にやって来た耀平氏と会ったとき、私は興奮した気持ちを隠し切れなかった。

「典型的な北方の大男」というのが、私の耀平氏に対する第一印象だった。耀平氏が羅山に来るのは、おそらく彼が羅山を離れて以来二回目のことだ。それまで私たちは顔を合わせたことがなく、携帯電話とインターネットを使ったやり取りしかしていなかったが、耀平氏に会ってみて、私は前からの知り合いのような気がして、もっと早く会えばよかったと思った。

耀平氏との出会いはまさに偶然だった。二年前、私が管理人をしているホームページ「羅山フォーラム」に、耀平氏が発表した「さよなら羅山」と題する文章を見つけたことがきっかけだ。その文章には羅山への郷愁と愛情があふれており、むなしく時を過ごしたあの時代への諦めと感傷が見て取れた。何より感動的だったのは、三十年の時を経てもなお、彼が子供時代の牛飼い仲間のことを心にかけていることだった。羅山を再訪する彼が一番やりたかったことが、牛飼い仲間だった「草平（発音は曹平）」を探し出すことだった[2]。「草平」を探すため、彼は嫌と言うほどの手間を掛けたにもかかわらず、事はうまく運ばなかった。そして、これが故に、私たちはのちに知り合うことになるのである。

「草平」を語るには、忘れがたいあの特殊な歴史に触れざるを得ない。当時、耀平氏は両親とともに羅山対外経済委員会の「五七」幹部学校にやって来た。きっと耀平氏はあどけなく可愛らしい子供で、世の中の怨恨など知らず、階級闘争のことはもっと知らなかったことだろう。首都から田舎にやって来た彼にとっては、目に映るもののすべてが新鮮で不思議だったに違いない。その後、世の中を目にとめ、心にとどめていく中で、辛く苦しいことも経験し、鍛えられ、知恵が増え、この土地に対する親しみの気持ちが少しずつ生まれていった。日が経つにつれ、彼は近くの村の「牛飼い」と意気投合し親しく付き合うようになった。彼らはともに遊び、放牧し、泳ぎ、革命歌を歌って過ごした。当時、「草平」は彼の一番の友人だった。

一刻も早くこの「草平」を探し出し、耀平氏の願いを叶えるため、私は仕事の機会を利用して村の主任と支部書記を探し当て、耀平氏からの情報を手掛かりにして「草平」探しに協力するよう頼んだ。努力すれば報われるもので、八方手を尽くした結果、ついに同い年の「曹発平」という人にたどり着き、彼こそが耀平氏が探していた子供時代の友人であることが確認された。二〇〇七年、二人は三十年ぶりに北京で再会を果たした。

私は羅山の人間ではあるが、故郷の歴史については少しばかり知っているだけである。驚かされたのは、耀平氏が羅山の歴史を深く理解していたことで、私は自分の及ばなさを嘆き、彼に敬意を抱いた。耀平氏から、「君は羅山の人間なので、『羅山条約』

が出版されるときには序文をお願いしたい。君には羅山を代表して発言する権利がある」と言われた。これは光栄なことであり、名誉なことだったが、喜びとともに責任の大きさも感じた。私のような無名の人間が序文を書く理由があるのだろうか。しかし、耀平氏の厚意を無駄にはできない。私は文章を書き上げるほかなかった。序文とは言えない出来の文章であったが、これは私の耀平氏に対する不十分な認識と評価であるとみなしてほしい。

二〇〇八年夏日（『羅山条約』序五[3]より引用）

王偉（おう・い）：写真家。河南省羅山県出身。一九六三年生まれ。中国共産党員。一九八一年から一九八四年まで北京軍区で兵役に服する。一九八五年以降、羅山県計画委員会、計画経済委員会、発展改革委員会で働く。現在は、中国写真著作権協会会員、中国芸術写真学会会員、中国民族写真協会会士、河南省写真家協会会員、イーマップネットワーク・フォトギャラリー契約カメラマン、チャイナネット・フォトギャラリー契約カメラマン、中国旅行写真ネットワーク・契約カメラマン、デジタライズ河南風景ギャラリー・契約カメラマン等を務める。

1 「朋あり……」は、『論語』「学而」篇第一にある言葉。
2 「草（曹）平を探し出すこと」については、第一一篇に詳しい。
3 この「序五」は、二〇〇九年二月二八日に書かれた。鎌田、松尾、山田、萩野共訳の『羅山条約』日本語版には、紙面の都合で訳していない。

第一七篇　見聞録・第二回羅山「五七」小戦士懇親会
——斬新、感動、喜び——

董芳

五月上旬、湖北省向陽湖文化研究会会長であり、咸寧市委員会党校中国五七幹部学校研究センター主任である李城外[1]氏の委託を受け、私と同僚の鐘璇は河南省信陽市羅山県で開催された特別イベント——毛主席の「五七」指示から四十七周年になることを記念して開催された、第二回羅山「五七」小戦士大集会に参加しました。イベント開催の二日間で見聞きしたことは、斬新かつ感動的で喜びに満ちており、今も心に残っています。

羅山に集結した人々に感動する

五月六日の昼は激しい雨でしたが、私の羅山行きの決意は少しも揺らぎませんでした。というのも、私にとって今回の羅山行きは、幹部学校文化の研究を始めて以降、幹部学校を実際に体験した人々と直に接触する初めての機会だったからです。小さくまとめた自分の荷物とともに、『咸寧瞭望』[2]をひもで束ねた大荷物を提げた私たち二人は、荷物の運搬に四苦八苦しながら、咸寧北駅に向かいました。駅に入り、セキュリティチェックを済ませ、乗車するまで、事はすべて順調に運びました。そうして、私の興奮と期待を乗せた列車は、飛ぶように走り出したのです。

流れていく窓外の景色を眺めながら、私の思いは四十年前へ遡っていきました。一九六九年秋、毛主席の「五七」指示に基づき、北から続々とやって来た列車が広漠たる中原の大地に緩やかに停車しました。わずかな荷物とともにやって来た、中国第一機械工業部、物資部、対外経済委員会、全国総工会所属の職員たち。家族連れ、単身者、仲間と一緒の者、互いに助け合う者、さまざまな人たちが、温暖湿潤で美しい羅山の地に降り立ちました。彼らは道路を開き、橋を架け、住処を作り、新たな暮らしを始めました。彼らは稲を植え、麦を刈り、汗水たらして働いたのです。彼らこそが中国歴史上に残る特殊な存在――「五七」戦士です。彼らはその若さと情熱、汗と命をかけて、共和国のため、記憶に残る歴史を刻みました。そして、彼らとともに北京から下放されてやって来た子供たちにもまた、立派な呼び名がありました――「五七」小戦士です。大半が十三、四才だったその子供たちは、羅山の地で、天真爛漫で愉快な子供時代を過ごしたのです。

ほどなくして列車は信陽東駅に到着しました。雲のない、うららかな日でした。わずか一時間の列車の旅だったというのに、信陽と咸寧の天気はまったく違いました。私たち二人を迎えてくれたのは、昔、母親と一緒に羅山に下放していた王耀平氏です。当作家である彼は、二〇一〇年に『羅山条約』という本を出しました。この本には、当時の子供たちが「五七」幹部学校でどのように学習し、どのような暮らしを送ったのか、その真実が記録されています。そして、彼の『羅山条約』こそが「五七」小戦士たちの記憶の扉を開き、子供時代の足跡をたどるため羅山へ行くことを彼らに決意させたのです。今回の「羅山〝五七〟小戦士思い出の旅」の主な企画者は、王氏と物資部の翟亜莎さんでした。

私たち二人は、北京から今回のイベントに参加した五名の「客人」と一緒に、王耀平氏のミニバン「カタツムリ一号」に乗り込み、イベント開催地である羅山ホテルに向かいました。信陽市から羅山県へは約三十キロ、車は国道を走りました。あの当時、北京から羅山へ下放された役所の幹部たちも、同じ道を通って羅山の各幹部学校へたどり着いたのです。八人が乗るには小さすぎる車でしたが、車内は楽しい雰囲気でした。しばらくは遠慮しあっていたものの、皆すぐに親しくなったからです。それというのも、私たちには「五七」幹部学校という共通の話題があったおかげです。

夜六時、私たちは予定どおり羅山ホテルに到着しました。外観はさほど立派なホテルではありませんでしたが、「北京の〝五七〟戦士御一行様、おかえりなさい！ようこそ故郷へ！」、「〝五七〟戦士御一行様、旧友の皆様の故郷再訪を心より歓迎します！」と書かれた二本の赤い垂れ幕に、私たちは大いに感激しました。

落ち着くとすぐに、私たちは「五七」小戦士の取材に身を投じました。聞けば、今回のイベントは二〇一一年の「第一回羅山〝五七〟小戦士北京懇親会」に次ぐ民間主催の記念イベントだそうで、「羅山へ、再び歩む〝五七〟の道」がテーマです。今回のイベントに参加する「五七」小戦士はおよそ八十名で、物資部幹部学校、対外経済連絡委員会幹部学校、全国総工会幹部学校出身の者が大半でした。当時、羅山で小学生だった人、中学生だった人、工場や農場で労働に参加した人たちです。幹部学校で過ごした期間は人により異なりますが、インターネットや電話を通じて今回のイベント開催を知った彼らは、このイベントを意味あるものだと思いました。だから、羅山を離れて四十年以上が経過した今、彼らは北京や上海や西安や鄭州などから羅山の地へやって来たのです。

四十年以上の時がたち、少年少女だった彼らの容貌は「塵面に満ち、鬢霜の如し」[3]に変わりました。遠い道のりをものともせず再び羅山の地を訪れた白髪頭の老人たち、彼らを突き動かしたものは一体何だったのでしょうか。

対外経済委員会所属だったある「五七」小戦士は、私たちにこう言いました。「羅山への尽きることのない思い、子供時代を懐かしむ気持ち、そして人生の思索が、我々を再び羅山に集結させた原動力だよ。あの特殊な時代に行なわれた特殊な活動は、本来ならば何の憂いもなく過ごすはずだった小戦士たちの少年時代に、暗い影を落とした。私たちはにぎやかな北京の町と慣れ親しんだ教室に別れを告げ、両親たちとともに、辺鄙で立ち遅れたこの場所にやって来たが、これによって人生は転換し、暮らしは一気に単調なものになった。でも、この土地のおかげで、私たちは比較的自由で充実した生活を与えられたのだ。あの暗い時代においても幸せな少年時代を過ごせた、これによって各人の胸に色鮮やかな世界が残されたのだ。それらは、私たちのその後の人生における貴重な財産となり、また、生涯忘れることのない幸せな思い出となったのだよ」。

彼はまるで昨日の出来事のように、淡々とした口調でこう語りました。私は彼を思い、彼らを思って、とても感動しました。四十年以上の時が過ぎ、世の中は一変しました。あらゆるものが変化しましたが、羅山や羅山の人々に対する彼らの深い思いは、何も変わっていません。彼らの幹部学校に対する素朴なコンプレックスも、何も変わっていません。幸せな生活を粘り強く追い求める気持ちも、何も変わっていません。彼らの人生に刻まれた歳月を思うと、私たちの胸は感動でいっぱいになりました。

再び「五七」の道を歩き、歴史を沈思する

あの重苦しい歴史自体は、とうの昔に過去の一頁になっています。四十年以上が経過しましたが、記憶は時間の流れとともに消え去りはしませんでした。それどころか、記憶はますます鮮明になり、思いはどんどん深まっています。だから、当時の幹部学校の生徒たちは、夢に描いてきたこの土地へ、夢のとおりに戻ってきたのです。そして、再び「五七」の道を歩き、当時の楽しい気持ちを振り返り、青春時代の感傷的な気分を味わうことになったのです。

五月七日午前、八十名の「五七」小戦士は、両親が所属していた幹部学校ごとに、物資部、対外経済委員会、全国総工会の三グループに分かれて、それぞれのグループ

が所属していた幹部学校を訪ねることにしました。彼らよりも若く、体力もある私たちは、幹部学校での出来事をより多く知るため、また、交流の機会を増やすために、一番遠くへ行く全国総工会チームと行動を共にすることにしました。当時の感覚を再体験できるように、小戦士たちは幹部学校まで徒歩で行くことにしました。私たちのチーム十七人は、まず羅山県城から観光バスで五キロ進み、十里頭という村に到着しました。この村は当時彼らが通った羅山第八中学があった場所です。村人の助けを借り、彼らは記憶をたどりながら、中学校へ通じる小道をすぐに探し当てました。かつてここで過ごした学校生活を思い、いたく興奮した彼らは、それぞれが思い出話を始めました。「農民の畑の甜瓜をこっそり食べた」、「しょっちゅう売店で買い食いしていた」、「別の幹部学校の学生とケンカをしたことがあった」等々。ただ、残念なことに、彼らが学んだ八中は建物が荒廃し、わずかに残った部分に、時の移ろいを残すのみとなっていました。中央政府が幹部学校を閉鎖した後、小戦士たちは次々と北京に戻ったそうです。八中の建物は長年修理をされることもなく、大部分が崩れ落ちてしまったため、農民たちが自分たちの小屋を建てたり改造したりするのに使用しているような状態でした。

そぼ降る雨の中、ぬかるむ黄土に立ち、彼らはがっかりしているように見えました。再訪するのが遅すぎたこと、過ぎた年月の長さによって何もかもが消え失せてしまったことに、彼らは気づいたのかもしれません。けれども、だからといって、彼らの母校を懐かしく思う気持ちに変わりはありませんでした。かつて学習し、生活した母校の跡地を前にして、鉄道省を退職したばかりの小戦士の一人は、かつての記憶が鮮やかに蘇ってくるのを感じました。そして、「今、記念に残さなければ、すぐに跡形もなくなってしまう」と言いました。

「ほら、これは石橋じゃないか？　昔、みんなここで毎日洗濯をしたものだ」。「ほら、あれは池じゃないか？　夏になると、毎日ここで泳いだな」。「ほら、キリギリスの声じゃないか？　放課後はしょっちゅう一緒にキリギリスを捕まえに行っていたなぁ」――彼らの嬉しそうな声が、私の耳に次から次と飛び込んできました。私には彼らの気持ちを完全に理解することはできませんが、それでも彼らの興奮や喜びははっきりと伝わってきました。橋がまだあった、池がまだあった、幹が折れ曲がった大きな柳の木もまだあった、これで十分じゃないか。「夢の中では何度もこの八中に戻って来ていたが、今日、ようやくその夢が現実になったよ」。彼らがそう言うのが聞こえてきました。

母校を実際に目にできた感動で、ほとんどの人が名残惜しい気持ちでいる中、「全国総工会幹部学校の校部を早く訪ねよう」と言う声が上がりました。子供の頃の記憶というのは、なんと強烈で鮮明なものなのでしょう。校部への行き方については、驚くべきことに、皆の意見が一致していたのです。国道に沿って出発し、曲がりくねった畑の小道を通り、どぶを何本も跨いで越え、高速道路を通過し、雑草の生い茂る墓地を抜け、どこまでも続く村の道路を進みました。道中、ある男性が私にこう言いました。「我々が羅山で暮らし学んだ期間は、短いもので一～二年、長い者で三～四年だ。その間、我々は羅山の食べ物を食べ、羅山の水を飲んだ。この道には、あの頃走り回った我々の姿があるし、この池には我々の笑い声が残っている。この田んぼには我々の汗が染みこみ、豊作の喜びがあった。この土地には、我々の学友や戦友への友情、先生への愛情、芽生え始めたばかりの異性への愛情が染み込んでいるのだ」と。いつのまにか校部が近づき、私たちの歩みは早くなり、気持ちも焦り始めました。ちょうど十二時に、私たちは邢橋小学校に到着しました。この小学校こそ、当時彼らが学んだ劉湾小学校であり、当時、全国総工会幹部学校の校部があった場所です。概算ですが、私たちは七・五キロの道のりをたった二時間で歩いていました。ついにやって来たのです。四十年待ち焦がれた場所に、ついに戻って来たのです。彼らは興奮し、表情には喜びがあふれていました。邢橋小学校には、「熱烈歓迎、北京五七戦士、お帰りなさい、ようこそ母校へ」と書かれた垂れ幕が掛けられ、張校長が私たちを出迎えてくれました。雨はますますひどくなり、私たち一行は邢橋小学校の事務室で休憩することにして、持参したお弁当を取り出してお昼にしました。

疲れが少し取れると、彼らは二、三人の組になって、当時の自宅を探しに出かけました。するとすぐに興奮した声が聞こえてきました。「ここは私が住んでいた家だ」、「ここはみんなで映画を見た運動場ね」、「ここで父さんが豚を飼っていた」、「これは猛暑のときに掘った井戸だよ」……四十年以上がたち、にぎやかだった幹部学校はひっそりとし、建物は色あせ、壊れ、崩れてしまいました。あの頃、道だった場所は雑草で覆われています。かつての少年少女も白髪頭になりました。ただ、苔だらけのレンガに残った色あせた革命語録が、見る者にこの農村が赤一色に染まったあの時代をぼんやりと思い起こさせるだけです。世の移り変わりのなんと激しいことでしょう。この移り変わりの背景には、歴史の激しい変化があるのです。

結局のところ、私はあの激しかった運動を経験していませんし、「五七」小戦士でもありませんから、故郷を再訪した彼らの気持ちを同じように感じることはできません。人の心というのは、本人以外の人間が本当に理解することはできないのです。「人は水を飲んで初めてその冷たさを知る」というように、たいていのことは体験した本人だけが知っているものです。それでも、実際に自分の目で見て、自分の耳で聞いて、自分の心で感じた私は、胸の動悸が止まりませんでした。

私は聞いたのです。世の中の移り変わりを嘆いて泣く声を。泣き声の主は、かつて自分が暮らした、古びた家に戻ってきた白髪頭の老人でした。

私は見たのです。もの思いに沈む姿を。それは、かつて幹部学校に来たばかりのときに、麦打ち機のせいで右手の指をすべて失った老婦人が、左手で窓の残骸を十分間も触っていた姿でした。

このとき、私はなぜだか誇らしい気持ちになりました。それは、かつての小戦士が誇らしげにこう言ったからです。「我々は〃官二代〃を羨ましいとは思わないし、〃富二代〃を羨ましいとも思わない。我々は栄誉ある〃紅二代〃[4]なのだから」と。

向陽湖の宣伝、この重大な任務のために声をあげる

五月七日午後、念願が叶った喜びと満足の気持ちとともに、三つのチームが幹部学校跡から戻って来ました。そして、四時半になり、入念に計画された懇親会が羅山ホテルで予定どおりに始まりました。懇親会の参加者は、八十数名の小戦士のほか、羅山県文連前副主席の方偉氏、当時の幹部学校教師二名、地元の幹部学校同級生たちでした。私たちのほか、長期にわたって寧夏国務院直属「五七」幹部学校の研究をしている丁兆林[5]先生も特別ゲストとしてイベントに参加しました。参加者たちが輪になって座り、人生や別れについて心置きなく語り合いました。今回のイベントのために、羅山県は胡志剛を団長とする芸術団を招いており、二胡の実演等が行なわれました。また、羅山の書道家や画家たちが、今回の懇親会のためだけに十幅もの作品を創作していましたし、羅山の女性実業家、銭暁玲氏からは懇親会に赤ワインが贈られていました。こうした行き届いた心遣いが、今回のイベントに彩りを添えていました。

懇親会は楽しげな歌声や笑い声が響くなか幕を開けました。小戦士たちの自作自演のプログラムと代表者の発言が交互にあり、何度も熱い拍手が沸き起こりました。

『万泉河の水は澄み渡る』[6]という曲が流れると、長い間、皆の胸の奥に眠っていた

記憶が呼び覚まされました。優美な旋律と情熱的なダンス、思い出の地を再訪し、胸の内を存分に語り合い、肉親や友人を訪ねる場面――それらによって、真珠に絹糸を通すみたいに、思い出がつながっていきました。そして、私までもがあの特別だった時代に連れて行かれたような気持になりました。

そうです、「五七」幹部学校には、あの時代を生きた人々の共通の記憶が眠っており、それぞれに異なる彼らの人生が刻まれているのです。さらに重要なのは、「五七」幹部学校は共和国のために忘れてはならない歴史を記したということです。共和国が成立して六十四年になりますが、そのうち幹部学校の歴史は十一年間で、六四年の六分の一強を占めています。「五七」幹部学校は、共和国の歴史に足跡を残すように運命づけられているのです。けれども、今日、多くの若者は「五七」幹部学校のことを知りません。この事実に私たちは呆然とします。たった四十年前の出来事が歴史から消え去ってしまうことなどあるはずがないのです。いくつもの春が去り、秋が来て、その度に花が咲き、花が散りました。社会は目覚ましい進歩を遂げ、常に古いものが淘汰されて、新しいものが生まれていますが、これは社会発展の必然です。けれども、だからといって、私たちが歴史を忘れていいということにはなりません。白髪を抜くお祖母さんの姿は哀れなものですし、歴史を忘れた民族は情けないものです。「五七」幹部学校はわずか四十年前の出来事ですから、けっして遠い出来事ではありません。「五七」幹部学校を歴史に埋もれさせてはならないのです。だから、「五七」幹部学校の歴史のため、私たちが声を上げるしかないのです。上の世代の人々の過去のために、そして、下の世代の人々の未来のために、歴史の重大な責任は疑う余地なく私たち世代の肩にかかっているのです。私たちは「五七」幹部学校の歴史のために声を上げなければなりません。この特別かつ重大な責任を果たすため、私たちは大声で叫ばなければならないのです。

今回、羅山の「五七」小戦士たちは、私たちにその機会を与えてくれました。特別ゲストとして、私は中国五七幹部学校研究センターを代表し、李城外氏のお祝いの言葉を読み上げました。これは私にとって名誉なことであり、果たすべき務めでした。

「有名な詩人、公劉[7]は詩の中でこう書いています。〃歴史がここで沈思しているのに、どうして私がこの歴史を沈思せずにいられようか〃と。今回、私たちが「五七」の道を再び歩いたことは、歴史を記念しての行動でした。ただ、いかんせん歩いた人間の数が少なかった。もっと多くの人に、もっと広範囲の人々に、この歴史を理解し、記憶してもらうには、どうすればいいのでしょうか。そうです、この歴史を書き残さなければなりません！　湖北省咸寧には五七幹部学校を専門に研究する民間機構――中国五七幹部学校研究センターがあります。そこには向陽湖文化研究にこだわり、十八年にわたって志高く研究を続ける官界の文人がおり、また、文化資源の発掘をし、貴重な歴史を救うことを任務とするチームがいます。任務を遂行するため、私たちは並々ならぬ労力を費やし、多くの著名な文化人を取材して、大量の資料を収集しました。そして、それらをもとに『向陽湖文化報』、『向陽湖文化叢書』、『向陽湖文化というジャンルをいかに確立するか』等の著作を出版し、向陽湖文化の宣伝活動を展開しています。「努力は志ある人を裏切らない」という言葉通り、十数年が経過した今、向陽湖文化に関心を持つ人が徐々に増えています。向陽湖の有名文化人の旧跡は、国家文物保護単位に選ばれました。武漢大学と咸寧市は協力して『向陽湖文化史跡及び向陽湖文化人研究センター』を立ち上げました。咸寧市は向陽湖文化人旧跡保護及び開発指揮部を新設し、湖北省委員会書記の李鴻忠[8]氏が提出した「文、史、農、旅」構想に従って、歴史文化資源の発掘を進めています……」

スピーチを終え、私は深く一礼しました。私が言いたかったのは、幹部学校文化資源の発掘は、少人数で行なうだけではいけない、皆が協力して行なうべき共同の責任だということです。

「『五七戦士の歌』[9]は、あの特別な時代のシンボルでした。四十年が経過しましたが、あの激しい旋律は思い出とともに我々の心に流れ続けてきました」という司会者の言葉のあと、八十名の「五七」小戦士が次々にステージに上がり、整列して『五七戦士の歌』を歌いました。そして、この歌とともに懇親会はピークを迎えました。カメラマンのレンズも、あの興奮の瞬間を永遠にキャッチしていました。

文化の火種を大切にと、手を振り別れる

五月八日、皆が次々に北京などへ戻っていきました。三日間にわたって開催されたイベントによって、最初は見知らぬ間柄だった彼らは、互いをよく知る親しい間柄になっていました。それでも、別れは避けられません。知り合ったのも縁ならば、別れもまた縁です。また次に会うための別れなのですから。皆が帰ってしまうのが辛いのか、空もどんよりと曇っていました。声を上げて泣く人はいませんでしたが、誰もが名残惜しそうにしていました。五十代以上の参加者たちは、あまりに多くの出会いや別れ、喜びや悲しみを経験してきたせいで、私たち世代とは感情表現が異なるのかもしれません。抱擁を交わす人や、見送る人、友人を祝福する人、再会を約束する人たちがいました。

バスがゆっくりと動き始め、私は彼らが離れていくのをじっと見送りました。この四十年、彼らはそれぞれに異なる人生を歩んできましたが、「五七」幹部学校での生活が、彼らの心に忘れることのできない記憶を焼き付け、彼らにとって貴重な財産を築いていたのです。今後、どんな変化や苦労を経験しようとも、彼らがこの場所を忘れることも、彼らがここでの生活を忘れることもありません。なぜなら、彼らの心には文化の火種があり、この火種が、先生や同級生や故郷や戦友への愛情を燃やし続けるからです。この火種は、逆境に身を置いても屈辱をしのび重責を担う気概や、楽天的に世界に立ち向かい、大自然と格闘する精神や、国や人民のことを憂う気持ちを、知

識分子たちに継承させるでしょう。この火種は、知識分子と大衆の間に芽生えた絆を深めるでしょう。この火種は、人生を思考し、歴史を再考させるため、人々の心の扉を開くでしょう。この火種は、幹部学校文化資源を用いて、新たな文化要素を育てるでしょう。

　何より有難いのは、私たちが最も気力と活力にあふれた、この文化の火種を伝える使者だということです！

1　「李城外（り・じょうがい）」については第一三篇を参照されたい。

2　『咸寧瞭望』という冊子は、李城外が中共咸寧市委党校常務副校長の期間に編集した内部出版物である。

3　「塵満面、鬢如霜」は、北宋の詩人・蘇軾の詞「江城子　乙卯正月二十日夜記夢」の中の言葉。「縦使相逢応不識（たとえあいあってもわからないだろう）」に続く句。

4　「官二代」は政府幹部の子女。「富二代」は富豪の子女。「紅二大」は毛沢東と一緒に革命に参加した党幹部の子女のことをいう。

5　「丁兆林（てい・ちょうりん）」については第一四篇を参照されたい。

6　「万泉河水清又清」は、一九六四年に杜鳴心によって海南島の民歌をもとに作られたバレー劇「紅色娘子軍」の挿入歌。歌詞は軍民の団結を歌う。

7　「公劉（こうりゅう）」、（一九二七―二〇〇三）。江蘇省南昌の人。原名劉仁勇、また劉耿直。一九五七年右派とされる。七八年復帰。当代の著名な詩人。「辺地短歌」

「上海夜歌（一）」「公劉詩選」「仙人掌」など。公劉の詩の題名は「沈思」である。

8 「李鴻忠（り・こうちゅう）」、（一九五六— ）。山東省昌楽の人。一九七八年入党。吉林大学歴史系卒業。二〇一一年から湖北省第一書記、省人大常務委員会主任。二〇一六年天津市委書記。

9 王耀平の言によれば、自分たちが歌ったのは、「五七战士之歌」だと言う。また「我们走在光辉的五七道路上」とも言うとある。作詞と作曲はだれかわからないとも言うが、歌詞は次のようなものだそうである。「我们走在光辉的五七道路上，満怀豪情斗志昂，为了捍卫毛主席的五七指示，我们刀山敢上、火海敢闯，流血牺牲无尚荣光，要同一切阶级敌人血战到底，永保无产阶级江山万年长。我们走在光辉的五七道路上，満怀豪情斗志昂，为了落实毛主席的五七指示，我们奔赴农村、杀向战场，身在干校志在四方，虚心接受贫下中农的再教育，为实现共产主义远大理想。」
なお、一九七六年の録音によれば、中国歌劇団の合唱、陳文ピアノ伴奏、方松甫指揮があるらしい。同時に「五七道路寛又広」とか「五七戦士上山来」「五七路上向前走」などの歌がある。

第一八篇　幹部学校と現地社会との関係性の薄さ
―王耀平の長編小説『羅山条約』のテキスト分析

張金林

【概要】毛沢東の「五七」指示の精神に基づき、全国に大量の「五七」幹部学校が創設され、多くの党政幹部や学者らが下放し、労働改造させられた。幹部学校の人々の多くは、幹部学校が所在する社会のことをよく知らなかったし、彼らと現地社会との関係性は薄かった。それが原因となって、幹部学校と現地社会との間で衝突が生じた。現地の人々にとって、幹部学校の人間は部外者である。その部外者が、自分たちの生活空間に割り込んできて、自分たちの社会秩序を乱している。現地の人々との衝突を解決し、彼らとの関係を改善し、幹部学校に対する見方を変えてもらうため、幹部学校の人々はさまざまな努力をした。作家王耀平の長編小説『羅山条約』は、前述の解釈に最良の分析を提供してくれるテキストである。

【キーワード】「五七」幹部学校；「五七」戦士；羅山県；現地社会；関係性の薄さ

一、前置き

「五七」幹部学校のもとになったのは「五七」指示である。一九六六年五月七日、毛沢東は、林彪が送付した中国人民解放軍総後勤部の『農業副業生産についての報告』に対するコメントを発表した。林彪の報告は言う、「ここ数年の状況から、軍隊が生産を行なうのはすばらしいことであり、その政治的意義及び経済的意義は非常に大きい。（一）わが軍の伝統を回復させることができる。（二）国のために農地を開墾できる。（三）国のために食糧を提供できる。（四）全生産部隊は以前通り一定の政治教育及び軍事訓練を行なうことができる。（五）辺境部隊が生産を行なえば、辺境地の経済発展及び国防建設につながるという、特殊な意義を持つ」[1]と。さらに、報告は言う、「我々は考える。もし軍隊が戦備を整える段階で生産に力を入れれば、三年から五年の間に、二〇〇万から二五〇〇万トンの食糧を国に提供できる。これは七〇〇〇から八〇〇〇万人規模の軍隊の一年分の食糧にあたり、戦備物資の条件を満たす量である」と。この報告を読んだ毛沢東は、林彪に手紙を出した。その手紙が「五七」指示と呼ばれるものである。毛沢東は、手紙の中で、全国の各業各界のすべての単位に対して、軍隊と同様に「大きな学校」を作ることを求めている。その「大きな学校」の中で、軍隊、労働者、農民、知識分子、商業、サービス業、党政機関職員らは、主業を主としながら、併せて別のもの、政治、軍事、文化を学ばなければならない。「そうすれば、農業副業生産に従事することもでき、中小の工場を経営することもでき、自分たちに必要な製品や国家と等価交換できる製品を生産することもできる。また、大衆工作に従事することもできる」。「また、ブルジョア階級を批判する革命闘争には随時参加しなければならない」。一九六八年五月七日、「五七」指示発表二周年を記念して、黒龍江省革命委員会は、慶安県柳河の農場に全国初となる「五七」幹部学校を創設した。柳河「五七」幹部学校である。九月三〇日、毛沢東は『人民日報』編纂『文化大革命状況集』第六二八期掲載の『柳河「五七」幹部学校は機関革命のために新たな道を歩む』を読んだ後、こうコメントした。「この件は『人民日報』で発表できるように思う。広範な幹部が下放労働する、これは幹部が学習し直す絶好の機会である。老弱病残者以外はすべてそうするべきだ。現職幹部もグループに分かれて下放労働するべきである」。一〇月五日、『人民日報』は、『柳河「五七」幹部学校は機関革命のために新たな道を歩む』を『柳河「五七」幹部学校は機関革命のために新たな経験を提供する』と改題し、編者の解説とともにトップ記事として掲載した。編者解説の中では、毛沢東のコメントが引用されている。一〇月一四日、『人民日報』は柳河「五七」幹部学校革命委員会の文章『心の奥底の大革命――柳河「五七」幹部学校創設によって体得したもの』をトップ記事で発表した。その後、柳河「五七」幹部学校の経験が全国に広まり、各種各級の「五七」幹部学校が大量に設立された。そして、多くの党政幹部と知識分子が労働改造のため幹部学校へ下放した。中国共産党第九回全国代表大会以後、全国各地で幹部の下放がピークに達した。

中央と国務院所属の各部門は、河南省、湖北省、江西省等十八の省区に一〇六の「五七」幹部学校を設立した。統計によると、一九七一年一月二六日までに、この一〇六の「五七」幹部学校に下放した者は、幹部及び職員が十万人、その家族が三万人、知識青年が五〇〇〇人である。うち、河南省信陽地区に設立された「五七」幹部学校は、中央および国務院所属の各部門が設立したものが二十（所在地は二十六か所）、省直属及び地区直属機関単位が設立したものが三つだった。羅山県だけで、中華全国総工会、国家科学技術委員会、対外経済連絡委員会、第一機械工業部、第七機械工業部、物資部、組成燃料化学工業部、国家観光局、工兵、中国科学院哲学社会科学学部（前期）、中国共産主義青年団中央委員会（後期）、華北電力局、河南省革命委員会、信陽地区革命委員会の十四の「五七」幹部学校が置かれた。多くの党政幹部及び専門学者とその家族が信陽地区、羅山に集まったわけである。王耀平もその中にいた。一九六九年一一月三日、十一歳の王耀平と六人の子供たちは、おばさんに連れられ、母親がいた羅山県の対外経済連絡委員会の「五七」幹部学校にやって来た。そして、三年近くをここで過ごした[2]。

幹部学校にいた間、王耀平は、最初は母親と一緒に女性宿舎で暮らし、その後、男性宿舎に移った。子供だったので、あっちへやられ、こっちへやられたりして、しょっちゅう住む場所が変わった。身近に「五七」戦士たちがいたので、心ならずも「五七」戦士たちが行なう日々の勉強会や学習経験交流会や批判会や報告会の様子が耳に入ってきたし、大人たちが腹の探り合いをしながら行なう階級闘争を目にすることになった。「五七」戦士たちは、子供たちの前でも構わず、愚痴をこぼしたり、人の悪口を言ったり、男女の色恋沙汰について話したり、ときには汚い言葉を吐いたりした。そのため、王耀平は同年齢の「五七」小戦士たちよりも幹部学校について広く深く知ることになったし、幹部学校の人間や出来事について深く知ることができた。この幹部学校での特殊な経験に基づいて、王耀平は長編小説『羅山条約』を創作した。『羅山条約』は、子供の目を通して幹部学校の人間と出来事を観察し、自身を見つめ、歴史を見つめた小説である。指摘すべきは、小説に描かれる人物や出来事は、作者がいた幹部学校にとどまらず、当時の中央及び国務院所属の各単位が羅山県に設立した多くの幹部学校にも及んでいることである。作者は小説という手法で幹部学校を描いているため、虚構部分もあるが、私は序文のひとつを担当した解璽璋[3]と同じように、「王耀平の筆は歴史を描いている」という感想を持った。私は歴史的視点から『羅山条約』を読んだのである。

二、幹部学校と現地社会との関係性の薄さの表現について

諶勝藍が評論したように、『羅山条約』は「だまし合う人間の図であり、時代を映した写真集でもある」し、また、「作者は「五七」幹部学校の子供という観点から、「五七」幹部学校を舞台に、「五七」戦士と「五七」幹部学校を描き、ひいては「文革」という時代の哀歌をまるごと描いて」いる[4]。この点について、王耀平はあとがきの中でこう説明している、「私が描いた物語には歴史的背景がある。「五七」幹部学校という

小さな背景と、〃文化大革命〃という大きな背景である。『羅山条約』を書くにあたっては、「五七」幹部学校と「五七」戦士のことを書かないわけにはいかない。「五七」幹部学校と「五七」戦士を書くにあたっては、〃文化大革命〃の歴史的過程を書かないわけにはいかない。だから、書く内容が社会全体にまで広がった」と。ただし、この件は本文の注目するポイントではない。信陽の人間として、『羅山条約』を読み、私は幹部学校の人間、とりわけ「五七」小戦士と現地社会との関係性の薄さに注目した。

新民主主義革命の時期に、羅山県は鄂豫皖革命根拠地[5]、鄂豫辺抗日民主根拠地、中原解放区の重要な構成要素となった。羅山の人間も数多く中国共産党が指導する革命闘争に参加し、中華人民共和国成立後には全国各地のさまざまな部署に分散して仕事をした。それと同様に、多くの外地人が羅山県で働き戦闘をしてきた。一九四九年一〇月の中華人民共和国成立から、一九六九年三月、中央と国務院所属部門の多くの党政幹部及び専門学者が、羅山県に労働改造のため下放されるまで二十年近くが経過していた。つまり、羅山県を離れた党政幹部と知識分子、あるいは、かつて羅山県で戦闘した党政幹部と知識分子にとっては、羅山県を離れて以降の二十年以上の間、羅山の印象は昔のままで止まっており、その印象も時間の流れとともに徐々に曖昧になっていたのである。彼らの子供以降の世代は、ほとんどが北京等の都会で生まれ育っているので、羅山を訪れたことがない者が大多数であり、羅山に来たことがある者はめったにいない。羅山県について知っていることは、ほとんど父親世代が話す内容からで、しかもその知識は数十年前の状況に限られている。自分の故郷が羅山県であることや、親の世代がかつて羅山県で働いたり戦闘したりしたことを知っているだけで、羅山県の実際の社会の状況についてはほぼ知らない。羅山県との関係性は非常に薄いのである。中央及び国務院所属の各部門が羅山県に設立した「五七」幹部学校で下放労働した幹部学校の人間の中には、羅山県出身者もいたが、彼らは羅山県の社会状況についてよく知らない者ばかりだった。たとえば、廟仙幹部学校の任天亮と彼の父親の任文宇は羅山県朱堂公社果子湾村の人間だった。土地革命のとき、果子湾村にある数十戸のほぼすべての男性が紅軍に参加した。紅二十五軍の長征後、果子湾付近は遊撃区となり、羅、孝、黄、連合県の便衣隊が果子湾村に駐留していた。一九三五年六月、国民党軍一一二師六三六団と羅山鏟共義勇軍は果子湾村を奇襲し、「果子湾はまるごと焼き払われ、紅軍の家族は皆殺しにされ、紅軍負傷者二名がいた」が彼らも殺害された。任天亮父子は羅山県の人間だったが、彼らは羅山県で生活していなかった。任文宇は早くに羅山県を離れていたのだ。任天亮は一九六六年秋まで羅山に来たことはなかったし、羅山についてはぼんやりとした印象しかなかった。任天亮は「故郷が河南省羅山県であることだけは知っていたが、地理的概念はなく、羅山がどこに位置しているのかも知らなかった」。ただし、結局のところ、任天亮の体には「大別山の血」が流れていたのである。一九六六年秋、任天亮と兄の任天水、弟の任天光、任天紅は北京を出発して南下し、全国革命経験大交流に参加した。そして、北へ帰る道中、武漢で北京行きの列車に乗れなかったため、大勢の北京の紅衛兵たちと一緒に、大別山の鄂豫皖革命根拠地や中原解放区を見学しようと徒歩で北上し、その道すがら三十年前に廃墟となった果子湾村に立ち寄って、往時をしのんだ。任天亮は羅山を訪れ消失した故郷を偲んだわけだが、これは単に行きずりの出来事であり、偶然の出来事だった。もしも、彼らが武漢でちゃんと列車に間に合って北京へ戻っていたら、あるいは、武漢が羅山県から遠く離れた場所にあったら、彼らが歩いて果子湾村を訪れることはなかったかもしれない。任天亮から兄弟四人で果子湾村を訪れたことを聞いたとき、任文宇は「果子湾の東の外れにある銀杏の木はまだあったか」と尋ねたのみで、「特に表情に変化はなかった」という。任文宇の反応は冷淡かつ無関心だが、これは彼自身が故郷を離れてから長い時間が経過していたせいかもしれない。

任天亮父子のように羅山県で生活していない羅山出身者と比べると、それまで羅山県と接点のなかった幹部学校の人間は、羅山の社会状況について知っていることは何もなかった。これらの「五七」戦士たちの中には、農村出身者もいたかもしれないし、かつて農村で働いたり労働による鍛錬をしたりした者もいたかもしれない。が、「所変われば品変わる」と言うように、風俗習慣、方言、社会状況等は場所によって違う。だから、かつての農村での経験が羅山でも役立つとは限らない。「五七」戦士の子供たちである「五七」小戦士は、ほとんどが都会で生まれ育ち、親の世代から羅山の話を聞いたこともないため、羅山県についての知識がなく、羅山との関係が薄いことは明らかである。『羅山条約』には、幹部学校と羅山県の現地社会との関係の薄さについての描写が多くある。『羅山条約』で描かれている、幹部学校と羅山県の現地社会との関係性の薄さは、要約すると以下になる。

（1）言語的障害について。幹部学校の人間と羅山県の現地社会とのつながりの薄さは、まず言葉にある。中国は面積が大きい。漢字は共通なので書面での交流には障害がないとはいえ、地域により漢字の発音が大きく異なり、たいていの方言にはその地方独特の語彙や言葉の使い方がある。だから、日常的に口語で交流する際、異なる方言で話す人同士の会話には、かなりの困難が伴う。幹部学校の人間と羅山県の人間には、言葉に大きな違いがあった。コミュニケーションは難しく、双方の隔たりを生んでしまう。幹部学校の人間、とりわけ北京で生まれ育った者や北京暮らしが長かった者が話すのは、北京訛りの普通話であり、羅山県で暮らす者が話すのは鄂北と豫南の訛りが入り混じった羅山話である。廟仙幹部学校の「五七」小戦士、宋海山、黄小輝等は、羅山県紅衛中学への入学初日に、言語的障害に遭遇した。授業が始まる前には、毛沢東語録を手に毛沢東像に礼拝して指示を仰ぎ、革命スローガンを叫んで、『東方紅』を歌うことになっていた。が、北京から来た「五七」小戦士と羅山県で暮らす学生とでは発音が違うので、二種類の言葉が出現することになった。発音の相違は、双方に互いへの不信感を抱かせ、ひいては揉め事を引き起こした。「どちらも堪えきれず相手のことを笑った。互いに相手の発音の真似をし始め、最後は大声で相手をけなした」。

ほかにも、宋海山、黄小輝等は羅山の現地学生が悪口を言うときに使う下品な言葉の意味を確かめようと、頭を悩ませたとある。

（2）身なりの違いについて。幹部学校の人間と羅山県に暮らす人間では、身なりがまるで違った。「五七」小戦士と羅山県の現地学生の身なりの違いを例に挙げると、「五七」小戦士たちは、北京の「白辺懶」と呼ばれていたカンフーシューズ、もしくは、上海のシューズメーカー「回力」のスニーカーを履き、鞄は「帆布製のベルト留めがついた黄色い鞄」。羅山の現地学生たちは、「男子は黒の粗布、女子は空色の粗布」の服を着ていた。現地学生で制服を着ていたのは、ごく少数の「現地幹部の子供たちで、足元はみな同じ履き口の四角い布靴で布底であり」、「鞄はただの袋」だった。「五七」小戦士の身なりは、ときに大袈裟で、目立ちたいのではないかと思えるほどのものだった。たとえば、山店幹部学校の斎大宝、斎二宝など五人は、服装を統一したことで、「羅山に騒ぎを起こした」。服装の派手さが「人目についた」のだ。彼らが「頭にかぶった緑の人民帽は、内側にボール紙を入れて、ゆったりと見せている。洋服は上下とも紺色で、上着は中から白い襟を出し、紺色のズボンには噛んで入れた折り目が一本走っている。足元は上海の前進（もともとは「回力」と言っていた）のスニーカー。上着は人民軍のコート」、この格好で五人は横並びになって「羅山十字街を闊歩した」のである。

（3）現地の便所に不慣れだったことについて。羅山県の便所、とくに農村の便所はすべて汲み取り式で、さらに、便所は塀の外に設置する慣習だった。これは、家の中の衛生に悪影響を及ぼさないようにするためと、外にいる人が使いやすいようにして、下肥を多く溜めるためだった。今でも、羅山県の農村にはこの慣習が残っている。幹部学校は便所を作る際、郷に入れば郷に従えで、羅山式の便所を取り入れることにした。幹部学校の便所は赤レンガを積み上げて作ったもので、現地の家のものと比べれば立派だったが、家の外にあるので、アンモニア臭が鼻をついた。「昼間は、便壺の中からウジがうようよと湧いて、足の甲へ這い上がって来た。夜になると、蚊がブーンブーンと旋回し、尻を刺されて腫れあがった」。都会暮らしで室内に水洗トイレがあるのが当たり前だった幹部学校の人間にとって、これは大きな試練で、適応するのは大変だった。というのも、「腹を壊して、下痢になったときに、便所へ行くのが本当に大変だった」からだ。子路幹部学校の「五七」小戦士だった郝偉民は、とにかくこの便所が苦手だった。あるとき、彼は下痢になったが、「どうにも我慢できず、便所に駆け込む前にズボンの中に漏らしてしまった」。また、郝偉民は現地の便所に「むかついていた」が、これは「羅山では必ず便所は家の外に作る」のだが、「ひとつ決まりがあって、便所に入るときにはズボンのベルトを便所の土塀か垣根に掛けておかなければならない。こうしておけば、使用中の便所に入って来る者はいないから、便所を男女別にする必要もない」ことが原因だった。この特殊な体験がトラウマになった彼は、「何が何でも家の便所は屋内に作る」と決めていた。

（4）現地で慣習化していた飛び乗りを知らなかったことについて。当時、羅山の人たちには、男女を問わず、遠出の際には交通費を浮かすため、走る車にしがみついて飛び乗る慣習があり、この手の飛び乗りは日常茶飯事だった。目的は「タダ乗り」をすることで、それ以外の目的はなかった。目的地に着いても運転手は停車する必要がなく、乗り込んだ者は自力で降車した。経験がある運転手にとっては珍しくもなんともない行動だったので、車に貴重品を載せているのでなければ、飛び乗って来た者に便宜を図ってやった。だが、羅山県に来て間もない「五七」小戦士たちはこの慣習を知らず、そのせいで、多くの誤解が生まれた。たとえば、廟仙幹部学校の「五七」小戦士、李建強が羅山県に来たばかりのとき、この地元では当たり前の飛び乗りを怖がったことで、笑いものになるはめになった。一九七〇年、学校が冬休みになる前の晩、李建強は北京から両親が下放している羅山県の「五七」幹部学校まで一人で車に乗って行くことになった。李建強が廟仙幹部学校の信陽接待所に停めていたトラックに乗り、羅山県に向かっていたとき、一人の大男がトラックの後ろからよじ登って来て、防水布をめくり荷台に潜り込んできた。荷台に座っていた李建強はびっくり仰天した。男を強盗と勘違いしたのだ。だから、李建強は「大声をあげ、飛び上がって、大男を荷台の後ろへ蹴り返した。そして、車の掃除用の小型の箒を持って、必死に振り回した。大男は右に左に身をかわしながら、何を言えばいいのかわからないまま、わあわあと大声をあげていた。結局、大男は諦めて車から飛び降りたが、車の下でまだしきりに何か叫んでいた」。というのも、「男の荷物が車に残ったままだったから」で、李健強は「男の荷物を乱暴に投げ捨てた」。

（5）政策をうまく宣伝できていなかったことについて。前述したように、「五七」指示では、「五七」戦士が大衆工作を行なうよう要求していた。幹部学校近くに住む農民たちに、毛沢東の「最高指示」と中央の最新政策を宣伝することが、大衆工作の重要な内容だった。通常は、「最高指示の宣伝は宵越ししてはいけない」ので、「五七」幹部学校は付近の村から速やかに農民たちを集め、中央の最新の政策をラジオで聞かせて学習させるのだが、この政策宣伝に際しては、農民たちの現実の生活を理解して臨機応変に対応しなければ、宣伝効果が上がらないことがあった。一九七一年三月一八日はパリ・コミューン樹立百周年の記念日で、『人民日報』、雑誌『紅旗』、『解放軍報』編集部は、「プロレタリア独裁の勝利万歳」と題する社説を共同で発表した。その社説に関する重要な放送が夜八時にあるという通知を受け取った山店幹部学校の指導者は、勉強会を組織するよう命令を出した。山店幹部学校第八中隊の景中隊長と、「五七」小戦士の斎二宝は、農民たちを集め、時間通りに放送を聞かせるよう、近くにある下湾生産隊の方隊長に通知した。下湾生産隊の農民たちは、パリ・コミューンのことを何ひとつ知らず、パリ・コミューンのことを中国の人民公社もしくは毛沢東が外国で作った人民公社だと思い込んでいた。夜八時になり、時間通りに「プロレタリア独裁の勝利万歳」がラジオから流れ始めた。が、社説は長文で、放送時間は百分間にも及び、しかも、最初から最後まで激高した口調だった。内容が理解できないうえに、放送時間が長すぎるため、日中の労働で疲れていた下湾生産隊の農民たちは、「逃げるが勝ち」とばかりに、寝に帰ってしまった。うたた寝から覚めた斎二宝が見たのは、「まじめに記録を取る景中隊長と、空っぽになった会場と、草の山に寝転んで大いびきをかいている方隊長」、そして「ぼんやりした目で」自分たちを眺める野犬の群れだった。

三、幹部学校と現地社会との衝突について

幹部学校と羅山県現地社会の関係性の薄さについては、とりわけ羅山県と接点のない両親を持ち、都会で生まれ育った「五七」小戦士たちは、羅山県の現地社会にまるで馴染みがなく、そのせいで現地社会に対して偏った見方をしてしまい、現地社会と衝突することになった。ただ、説明しておかなければならないのは、幹部学校の人間と現地社会との衝突は、幹部学校の人間ばかりが引き起こしていたのではなく、現地の人間によって引き起こされることもあったということだ。

幹部学校と現地社会との衝突については、『羅山条約』に多く記述がある。幹部学校と現地社会との衝突は、主に以下の数種類に分けられる。

（1）現地学生との衝突。すでに述べたように、言葉の違いが原因となり、羅山県の現地学生と「五七」小戦士たちが、互いのことを馬鹿にして笑ったり、悪く言ったりすることがあった。宋海山ら「五七」小戦士たちは、現地学生に仕返しすることを決め、

現地学生のボスである梁草を仕返しの相手に選んだ。その日の放課後、ほかの学生たちがいなくなるのを待ち、「宋海山は机の列を跨いで、背後から梁草の襟をつかんで力まかせに引っ張った。はずみで仰向けにひっくり返った梁草を、鄭光明や黄小輝」らが「取り囲み、梁草を蹴ったり踏みつけたりした。梁草は壁の根元で身体を小さく丸めた。」宋海山が「ペン型のナイフを取り出し、梁草の尻を三回切りつけると」、「梁草はわあわあと大声で泣きだした」。

指摘すべきは、「五七」小戦士と羅山県の現地学生との衝突は、現地学生側が引き起こす場合もあったということだ。龍眼幹部学校の李鳴放は、幼い頃から右足に小児麻痺の重い障害があった。彼は羅山県紅衛中学入学後、学内で唯一の障害者となり、全校生とりわけ現地学生の注意をひくことになった。現地学生たちは、「まずは、李鳴放のことをまじまじと見つめる。それから、後をつけて真似をしてみせ、最後に彼を取り囲んで大勢で冷やかした」。王強ら数人の「五七」小戦士たちが李鳴放を守ってはいたが、李鳴放は「すぐに体を押されるのだった。とくに休み時間の体操のときには、きまって誰かが背中から彼の体を押した」。が、「相手が誰かわからないので」、李鳴放は「ひたすら耐えるしかなかった」。ある日、とうとう李鳴放と現地学生の紅娃が大きなトラブルを起こした。紅衛中学の便所で、紅娃が李鳴放の体を押して彼を肥溜めに突き落としたあげく、紅娃も李鳴放のために肥溜めに落ちることになり、二人が殴り合いを始めたのだ。もみ合いになった二人は、取っ組み合いをしながら便所を出た。

そのまま学校の紅衛兵事務所までやって来た二人は、事務室の中にある「壊せる物をすべて壊した」。最終的に、紅衛中学はこの事件を厳しく処分し、革命委員会主任は全校大会で宣言した。「くそガキめ。今後、李鳴放をいじめる者が出たら、そいつを退学処分にするぞ」。また、紅娃と彼の父親は李鳴放に謝罪した。

（2）現地教師との衝突。「文化大革命」の時代は、密告が日常的に行なわれており、学生が教師を摘発通報することも珍しいことではなかった。羅山県で学んでいた「五七」小戦士たちも例外ではなかった。ある日、羅山県紅衛中学で「忠」の字踊りを学生に教える音楽教師の范が、学校近くの池で髪を洗いながら、羅山の民謡を繰り返し口ずさんでいた。これを廟仙幹部学校の馮思潔ら「五七」小戦士たちが聞いてしまった。民謡の歌詞はこうだ。「春風吹けば茶が育つ、茶が育つ。娘は茶摘みに山登る、山登る。茶摘み、茶摘み、一番茶を摘む、一番茶を摘む。茶葉で籠は一杯になる、どんどん籠が一杯になる。恋しいあの人にこのお茶を捧げよう、恋しいあの人に。娘の胸は甘い気持ちで一杯になる、一杯になる」。ほどなくして、范先生が羅山民謡を歌っているのを聞いた「五七」小戦士の中から裏切り者が現れ、范先生が煽情的な歌を歌っていたと、匿名で学校に通報した。学校の革命委員会は全校の教師と生徒を組織して批判大会を行ない、紅衛中学に在籍する「五七」小戦士が全員批判大会に参加した。この批判大会以後、「五七」小戦士たちは「二度と范先生の姿を見ることはなかった」。客観的に言って、豫南の茶所の人々が地元で広く流行する茶摘み民謡を歌い継ぐことは、彼らにとって労働の合間の大切な息抜きである。また、茶摘み民謡は豫南民謡の傑作であり、煽情的な歌などではない。私が思うに、「五七」小戦士たちが范先生を通報したのは、「文化大革命」のムードに影響されたからという理由だけではなく、彼らが羅山県の現地社会や文化についてよく知らなかったことが大きな原因だった。

（3）現地商人との衝突。宋海山ら「五七」小戦士たちは粱草に仕返しをした後、直接宿舎には戻らず、大寺堆の南側にある市場の定期市に寄り道をした。そこで「ぴかぴかと光る鎌を見た彼らは、『これはいい武器になる』と思った」が、金を払って買うのが嫌で、何本かを「頂く」計画を立てた。宋海山らは鎌を売っていた鍛冶職人と値段交渉をするふりで煙幕を張り、互いの言葉の違いを利用して鍛冶職人の注意をそちらに向けさせ、後方に隠れていた黄小輝が鎌を「頂いた」。黄小輝は数本の鎌をつかみ、着ていた綿入れに隠したが、結局、それを鍛冶職人に発見され、その結果、「五七」小戦士たちと市場の商人たちとのケンカが始まった。商人たちが「五七」小戦士たちを包囲して行く手を遮ると、「五七」小戦士たちは鎌を振り回して、商人たちの包囲を突破した。このケンカで、市場は大混乱となり、商人たちは石で王啓釗の頭を殴り、宋海山らは商人たちの綿入れを切り裂いた。

（4）羅山県の現地住民との衝突。「五七」小戦士たちは羅山県城にある紅衛中学で勉強していたので、しょっちゅう県城の住民たちといざこざを起こしていた。例えば、宋海山ら「五七」小戦士は粱草を殴り、羅山県の商人たちとケンカをした後、自分たちが面倒を起こしたことを承知していたので、宿舎へは戻らず、県城南東の城壁の上にあった藁山で夜を明かすことにした。このとき、煙草の火の不始末で藁に火がつき、火事になって、羅山県城を震撼させた。彼らは住民たちに「ズボンのベルトと靴紐をほどかれ」、城関区の派出所へ護送され、そのまま県公安局へ連れて行かれた。このほか、山店幹部学校の「五七」小戦士である、朱暁民、斎二宝らは、羅山県城の学校に通っていたとき、鉄工所の当直室の李さんが飼っていた犬を去勢した。このことで、彼らは李さんに地元の言葉で一晩中怒鳴りつけられ、その後ひと月あまり、口をきいてもらえなかった。

（5）現地農民との衝突。昔から、利益を異にする集団の間には水を巡る争いが絶えない。水を巡る争いは、干ばつ地帯や干ばつの年に激しさを増す。この争いは、幹部学校と現地農民の間にも存在した。深刻な干ばつとなったある夏、一か月以上雨が降らなかったので、山店幹部学校の指導者は竹竿河の上流にある横湾ダムと繰り返し話し合いを行なった。その結果、ダム側が幹部学校に水を売ることに同意し、二〇〇〇ム―以上の稲田に水を引けることになった。ところが、ダムが放水したとき、下湾等付近の村落の農民が水路を壊してこの水を盗んだ。そして、第八中隊の景隊長を先頭にする「五七」戦士たちと、下湾生産隊の農民の間で大ゲンカが始まった。このケンカは、幹部学校の徐敬軒校長と軍事管制組長の介入によって収まった。徐敬軒は言った。「この一帯の農民は、ありとあらゆるものを経験している。元末の紅巾軍、捻軍から、青幇、紅槍会、国民党、日本鬼子まで。彼らに怖いものはない。土匪や自警団に入る者も多く、紅軍に入る者もいる。民族集団間の争いが常にあったので、彼らにとってケンカは日常茶飯事なのだ」。景隊長は幹部学校に連れ戻され、幹部学校は干ばつ対策に水を引く計画をあきらめ、運を天に任せた。このとき、ちょうど農繁期の休暇で、幹部学校で労働していた「五七」小戦士たちは、下湾生産隊への報復を決めた。彼らは生産隊に毒を盛り、さらに藁山と草ぶきの家に放火した。

これ以外の場面でも、幹部学校は羅山県の現地社会と衝突していた。中でも目立ったのは、「五七」戦士の一団が羅山県にやって来たことが原因で引き起こされた物価上昇である。当時の羅山県ではこんな言葉が広まっていた。「「五七」戦士は立派だ。「五七」戦士は立派だ。破れた綿入れに、腕時計をして労働している。買い物は値切らず、言われたまま支払っている」。このことは、趙徳新の回想録に裏付けがある[6]。彼の回想録によると、「五七」戦士が、手織りの綿布や白砂糖や土地の名産品等を買い漁って、北京に送ったせいで、羅山県では次のような言葉が現れたという。「「五七」の指導者たちは、破れた服を着ているが、いいものを食べている。外出には自転車を使い、腕時計をして作業する。彼らの売店には品物があふれている」。

四、幹部学校と現地社会との関係の修復

幹部学校の歴史を振り返るとき、多くの「五七」戦士が口にするのは、現地の人々

が自分たちに寄せてくれた同情や手助け、彼らとの厚い友情である。例えば、かつて湖北省咸寧地区にあった向陽湖文化部「五七」幹部学校に下放された王世襄は、晩年、向陽湖で過ごした時代について語ったとき、深い愛情をもって、現地の漁師だった韓さんとの思い出を語った[7]。羅山県全国総工会「五七」幹部学校に下放し、労働改造した郭振声は、幹部学校での暮らしを回想した文章[8]に、『羅山に感謝する』というタイトルをつけた。彼は心から言った。「あの頃、私は農民たちと親しくしていた。私たちは給料を受け取り、農民たちは労働点数を受け取ったが、それを除けば、物資面でも、思想面でも私たちに隔たりはなかった。北京に戻った後も、私はずっとお百姓たちや、羅山の土地のことを懐かしく思っている」。ただし、これが幹部学校と現地社会との関係のすべてではない。現地の人々にとって、幹部学校の人間は部外者だった。これについては、『羅山条約』にうまい説明がある。山店幹部学校と下湾生産隊との大規模な諍いの場面で、ある羅山の男が、現地の人間としての偽りのない意見を言っているのだ。「北京から来たお偉いさんたちはいったい何をしたいんだ？　ケンカをやろうっていうのか？　土地も水も羅山のものだから、俺は放水すると言っているんだ」。「俺の話が言ってもわからないなら、シャベルであいつらを痛めつけてやる」。この言葉を見れば、羅山県の現地住民が幹部学校についてどんなふうに考えていたかがわかる。まず、羅山県の現地住民と幹部学校の人間は、同じ集団ではなく異なる集団であり、幹部学校の人間は北京からやって来た幹部だったということ。第二に、幹部学校の人間は、羅山県の現地住民の生活空間に、後から割り込んできたということ。第三に、羅山県の現地住民は、自分たちの生活空間を守るために戦ったということである。

羅山県の現地住民が幹部学校の人間を部外者とみなした原因は、前述した、幹部学校と羅山県現地社会との関係性の薄さや、それによる衝突以外にも存在する。『羅山条約』では次のように説明されている。まず、幹部学校の人間は羅山県の現地住民の生活空間に後から割り込んできたこと、さらに、幹部学校の人間、とりわけ県城の学校にいた「五七」小戦士たちが、現地社会の秩序を乱したことである。この二つの問題は、全国各地にあった「五七」幹部学校のすべてに存在した。幹部学校が羅山県の現地住民の生活空間に割り込んできた問題については、たやすく理解できる。前述したように、羅山県には、中央、省、地区の「五七」幹部学校十四校が点在していた。これらの幹部学校は、それぞれ大勢の下放人員を生活させる必要があり、そのために羅山県の広大な土地を占拠する必要があった。山店幹部学校の例だけでも、すでに述べたとおり、二〇〇〇ムー以上の水田を占有していた。山店幹部学校はこのほか広大な山林、茶畑、果樹園等を持ち、第八中隊だけでも山腹にある一〇〇ムーの茶畑を所有していた。ほかの「五七」幹部学校もそれぞれ広大な土地を使用しており、同じように現地住民の生活空間を占拠していた。羅山県の隣の県である息県の中国科学院哲学社会科学部「五七」幹部学校は、八〇〇〇ムーの土地を使用している。また、幹部学校の子弟たちが日常的にケンカをすることも、各地の幹部学校に共通の現象だった。

「これは時代の空気がそうさせていたものだった。文化大革命で社会秩序が乱れ、暴力が横行し、不良少年がもてはやされ、ケンカっ早いことが勇者のシンボルとされた。ケンカはあの時代の流行だった」。施亮の回想[9]によれば、一九六九年冬、彼が両親と一緒に湖北省咸寧地区向陽湖文化部「五七」幹部学校にやって来たとき、「幹部学校の子弟たちの間では、盛んにケンカが行なわれていた」し、「同級生とケンカをしたり、学校以外の子供たちとケンカをしたり、とにかくケンカが絶えなかった。退屈な暮らしの中で、ケンカが刺激的な〝気晴らし〟になっていた」という。

羅山県にあった各「五七」幹部学校の子弟たちも例外ではなく、ケンカは盛んに行なわれ、羅山県の現地社会の秩序を混乱させ、現地社会の大きな不満の原因になっていた。羅山県城の学校で勉強していた「五七」小戦士が現地社会の秩序を乱していた問題については、前述した現地住民との争いのみならず、「五七」小戦士同士の争いが大流行していた。羅山県紅衛中学で学ぶ「五七」小戦士は、県にある七か所の中央及び国務院所属部門の「五七」幹部学校から集まった子供たちだった。「五七」小戦士たちは、北京の「文化大革命」が生み出した恩と恨みを羅山県に持ち込んでいた。各幹部学校の「五七」小戦士たちは、そのときどきの利害によって手を組んだり離れたりしながら、常に争っており、羅山県の現地住民にとっては大迷惑となっていた。例えば、廟仙幹部学校の「五七」小戦士と山店幹部学校の「五七」小戦士が紅衛中学で起こしたケンカでは、廟仙幹部学校の生徒が七人、山店幹部学校の生徒が二十人以上、関わっていた。殴り合いの中で、廟仙幹部学校の「五七」小戦士は鎌を、山店幹部学校の「五七」小戦士は箒やこん棒を武器にした。最終的にこのケンカは、「派出所の警官、さらに学校の革命委員会主任がやって来て」、ようやく収まったのだった。また、高店幹部学校の「五七」小戦士と山店幹部学校の「五七」小戦士のケンカでは、自家製銃や鍬などが武器に使用された結果、派出所、紅衛中学革命委員会、県武装部、県革命委員会を震撼させる事態となった。紅衛中学で学ぶ「五七」小戦士が「羅山県城の治安を悪化させた」ことで、「羅山の人々は北京からやって来たこれらの学生に大いに嫌悪感を抱き」、「県革命委員会もついに堪忍袋の緒を切らして、彼ら問題児が県城の学校に通うことを拒絶した」。

現地住民の幹部学校に対する考えを変えるため、また、現地社会との関係性の薄さが原因で幹部学校の人間が住民と衝突するのを防ぐため、幹部学校はさまざまな措置を講じて、現地社会との関係改善に努め、それらは一定の効果を上げた。彼らが講じた措置は以下のようにまとめられる。

（1）誤りを認めて詫びる。宋海山が粱草を痛めつけた翌日、羅山県紅衛中学の指導者は、全校集会で、宋海山らを名指しで批判した。宋海山は仲間を代表して自己批判書を読み上げた。幹部学校の指導者は宋海山の父親に問題の処理を命じ、宋海山の父親はまず薬の代金を弁償した。同日夜には、宋海山の父親、紅衛中学の指導者である蒋組長、夏麗麗ら二名の女子学生代表が、宋海山らと一緒に粱草の家に出向いて、謝罪した。宋海山の父親と蒋組長は「何度も申し訳なかったと伝え」、宋海山の父親は「二十元の金と菓子折りをテーブルに置き、息子さんに栄養をつけてやってくれと言い」、夏麗麗は「梁草に毛主席バッチを一枚プレゼントした」。この謝罪は梁草と彼の家族に受け入れられ、梁草にいたっては「感激して泣きだしそうになっていた」。

（2）買収する。「五七」小戦士たちにいじめられないよう、紅衛中学の現地出身の学生たちは、梁草をリーダーとする羅山自衛軍を結成し、校内の各「五七」幹部学校の小戦士グループと一定の距離を保っていた。廟仙幹部学校の李建強は、山店幹部学校と高店幹部学校の「五七」小戦士グループの動向に探りを入れ、「梁草らに毛主席バッチ十数枚と、毛主席語録十数冊、中古のスニーカー、軍服、鉄アレイをこっそり送り」、羅山自衛軍を買収していた。

（3）距離を縮める。「五七」小戦士たちが下湾生産隊に報復した後、生産隊との関係を改善し、わだかまりをなくすため、山店幹部学校は、第八中隊の景隊長に基本建設班の「五七」小戦士を引率させ、幹部学校の木材や稲わらを供出して、焼いてしまった建物を修復させた。被害農家には、山店幹部学校から家具、布団、衣服等が贈られた。また、建物完成時には、山店幹部学校がちょっとした演芸を上演した。このほか、景隊長は下湾生産隊の方隊長と友人関係を築き、しょっちゅう方隊長に幹部学校の食堂で食事をごちそうするようになった。幹部学校が映画を野外上映するときには、いつも方隊長に特別席を用意した。このような措置を講じることで、山店幹部学校は下湾生産隊との関係を改善し、「池の泥をさらう作業をするときは、方隊長が下湾の人員を組織して、第八中隊をサポートした」。

（４）現地社会の建設をサポートする。当時、羅山県の「農民の労働生産状況は非常に遅れており、機械はなく、機械化もまったくされておらず、ほぼ焼畑農耕で」、農作業に電気は使用されていなかった。一方、幹部学校は近代化された装備を持っており、「生産手段として、畑をすき、かきならすトラクターやハンドトラクター、田植え機、脱穀機、風選機、吸い上げポンプ、刈り取り機、井戸ポンプ、発電機、車があった」。羅山県の現地社会との関係を改善するため、各幹部学校はトラクターとハンドトラクターを派遣して、羅山県の南湾用水路や龍山ダム建設を支援した。また、ハンドトラクター、脱穀機、風選機を派遣して、現地の農業生産をサポートした。

（５）現地の文化を学ぶ。現地の文化を学ぶことは、現地社会との関係性の薄さを解消して関係を改善し、現地社会に溶け込み、現地の人々に一体感を持ってもらうのに有効な方法である。民謡は羅山文化の重要な表現形式であり、現地の人々の中に広く根付いていた。「羅山民謡には、山歌、小調、田歌、灯歌、児歌、夯歌、号子[10]などがあり、中でも、山歌と小調が広く知られていた。民謡は抒情的な内容のものが多く、言葉は力強く、簡潔明瞭、イメージは労働者の暮らしと願いを鮮明に映し出している」。羅山県に下放した「五七」戦士は、現地社会と触れあい、現地社会に溶け込む過程で、多くの者が羅山民謡を何曲か歌えるようになった。たとえば、龍眼幹部学校の「五七」

小戦士だった韋小玉は羅山民謡を一曲歌えるようになった。その民謡の歌詞は次のようなものだった。「小さな鯉、赤い鰓、上流から下流に泳いでやって来た。頭を振り振り、尾ひれを振り振り、竹竿で釣り上げられる。まっすぐの竹の苗を、あの人に送って簫を作ってもらおう。別れて三年、彼が吹けば、せつない恋心が旋律になるだろう」。

五、終わりに

『羅山条約』は幹部学校と現地社会との関係を明確に示している。幹部学校は現地社会との関係が希薄で、現地社会とさまざまなトラブルを起こしていた。現地住民は幹部学校の人間を部外者として認識していた。幹部学校の人間は、彼らにとって自分たちの利益を侵す者、社会秩序を乱す者だったのである。幹部学校の人々はあらゆる努力をして、現地の人々との隔たりを埋め、距離を縮め、自分たちに対する見方を変え、現地社会に溶け込もうと試みた。指摘すべきは、幹部学校と現地社会の関係はとても複雑で、見方によって問題の見え方が違っていたということである。筆者は現地の人間なので、最初は現地住民の視点で両者の関係を見ていた。けれども、小説『羅山条約』をテキストとして分析することによって、浮き彫りになった幹部学校と現地社会との関係性の数々は、それぞれが幹部学校と現地社会との関係のほんの一面であり、それがすべてではなかったのである。

連絡先：河南省信陽市浉河区信陽師範学院歴史文化学院
郵便番号：464000
携帯電話番号：13462069371
メールアドレス：zhjl317@aliyun.com

張金林（ちょう・きんりん）：一九八一年四月生まれ。河南省息県の人。南京大学歴史学博士、信陽師範学院歴史文化学院講師。主な研究テーマは中国共産党党史及び中国現代史。

1 中共中央文献研究室編『毛沢東年譜（一九四九―一九七六）』第五巻、中央文献出版社二〇一三年版、第五八四頁。
なお、原著にはこのような出典の「注」が数多くついているが、訳者未見のものがほとんどなので、煩を避けて、適宜割愛させていただく。

2 王耀平『羅山条約』（人民文学出版社、二〇一〇年版、三二二頁）。日本語訳『羅山条約』下巻二八八頁（鎌田・山田・松尾・萩野共訳、朋友書店、二〇一七年一〇月）。なお、原著には王耀平著『羅山条約』からの出典を示す「注」が数多くついているが、あまりにも煩わしくなるので、適宜割愛させていただく。

3 「解璽璋（かい・じしょう）」。文芸評論家。新聞記者。主としてブログによって活躍する。王耀平著の『羅山条約』の「序一」を書いたが、日本語版では紙幅の都合で訳出していない。

4 「諶勝藍（しん・しょうらん）の評」は、如藍『那些年、他們在五七幹校』（中国文史出版社二〇一五年版、第二一五頁）にあるそうだが、訳者は未見である。

5 「鄂豫皖革命根拠地」は、鄂（湖北）、豫（河南）、皖（安徽）の三省に接する地域の革命根拠地のことで、一九三〇年六月に、鄂豫辺と豫東南及び皖西の三つのソビエト政府が合同して成立した。大別山を中心とした。「鄂豫辺抗日民主根拠地」は、一九三七年抗日戦争が始まって以後、鄂、豫、皖に湘（湖南）と贛（江西）の五省にまたがる地域で成立。一九三九年新四軍独立遊撃大隊が李先念（司令官）、陳少敏（政治委員）によって成立し、一一月には党委員会が成立する。鄭位三のちに許子威が書記となる。「中原解放区」は、国民党政府の支配下で中国共産党が確保していた地域。河南を中心に安徽、江西、湖北、陝西の四省に接する地域。李先念が中原軍区司令員、鄭位三が政治委員。一九四六年六月に国民党軍隊二十二万人が攻撃するも成功しなかった。

6 「趙徳新の回顧録」の言葉は、原著の注によれば、趙徳新著『半個世紀的報人生涯』（民族出版社、一九九九年）第二五八頁にあるそうだが、訳者は未見である。

7 「王世襄の回想」については、『追憶の文化大革命——咸寧五七幹部学校の文化人』（李城外著、萩野脩二・山田多佳子共訳）下巻七三頁以下に詳しい。

8 「郭振声の文章」は、「感恩羅山」といい、信陽市政協学習文史資料委員会編『五七幹校在信陽』下冊（信陽日報社印刷廠、二〇一四年）の第五一〇頁から第五一三頁に納められている。郭振声は北京中国労働関係学院の准教授。

9 「施亮の回想」は、原注では、「我爲在五七幹校打人深感愧疚」（『炎黄春秋』二〇一二年第六期）とあるが、訳者は未見である。

10　「山歌（さんか）」は、中国南方の農村や山間地帯で盛んに歌われる民謡。仕事の時に野外で歌う。「小調（しょうちょう）」は、小唄のこと。民間に流行している各種の曲調。「田歌（でんか）」は、田植えのための儀式歌謡。「灯歌（とうか）」は、旧暦一月一五日の元宵節に演じられる芝居「花灯戯」で歌われる歌。湖北省の利川灯歌が有名。「児歌（じか）」は、わらべ歌。童謡。「夯歌（こうか）」は、地固めのときにうたう歌。よいとまけの歌。「号子（ごうこ）」は、大勢で力仕事をするときに歌う。

第一九篇　羅山再訪「羅山行——再び〝五七〞の道を行く」

王耀平・整理

1. 二〇〇六年元旦、外経委「五七」第二世代の劉熠輝[1]、卜鳴鑑、応旗[2]、邱大鋼、王耀平などが張小維のレストランに集まった。応旗が羅山条約のことを持ち出した。そこで、王耀平が小説を書くことを決定し、題名を『羅山条約』とした。
2. 二〇〇六年五月一日、王耀平は羅山に来た。五月一〇日、「羅山論壇」というウエブサイトに「さよなら羅山」という文章を発表した。その中で王耀平が幹部学校で牛を飼っていたときの仲間・曹平のことを取り上げ、探し当てられない無念さを吐露した。「羅山論壇」のウェブサイト管理人は王偉[3]で、このことで王耀平と知り合うことになった。王偉は十里塘大隊の書記や村長に連絡して、曹平を探し当てた。曹平の正式名は曹発平[4]であった。
3. 二〇〇六年末、曹発平は長距離バスに乗って北京市朝陽区雷家橋村（羅山の人が集まる土地で、羅山から北京への直行バスがある）に着いた。
4. 二〇〇九年王耀平は「さよなら羅山」をソーフーのブログ(今は使われていない)に載せた。文中で羅山県城の映画館でのケンカのことに触れたので、ある人がコメントをし、「堂々と名乗りを上げようじゃないか。これは紛れもなく私がしたことだ」と言った。但し、姓も名も電話も書いてなかった。ネットに「羽翼豊満」というメル友が調査を申し出たが、この人は中華全国総工会の莫代群である。（工人日報社の子弟で、羅山の学校にいた。現在は太原に住んでいる。）老莫の分析によれば、コメントをしたのは黄華明[5]という。とうとう黄華明が水面から浮かび出た。

5．二〇〇九年二月春節の後、王耀平は羅山に行き、初めて王偉に会った。王偉は「十年陳」という年季物の酒を一箱贈った。

6．二〇一〇年一月三日、大雪が降る夜、北京市朝陽区龍興坊（紫檀宮の裏にある）に、外経委「五七」幹部学校の赫暁楠、劉熠輝、張小維、応旗、王耀平などと中華全国総工会の黄華明、何兵役[6]、何偉などと国家科学技術委員会「五七」幹部学校の宋争鳴[7]が集まる。ケンカ後双方は初めて顔を合わせ、握手し和やかに言葉を交わした。まさに、瞬時に四十年が過ぎ、顔を合わせれば恩讐も消えゆく、と言ったところだ。三瓶の羅山の「十年陳」（羅山の王偉が贈ったもの、この酒はすでに市場に別れを告げている）が一息に飲みつくされた。

7．二〇一〇年一月一七日、王耀平はまたブログの中で「逮捕状」を出し——張憲平を探した。物資部と外経委幹部学校の子弟との間にもう一つ激しい争いが残っていて、清算する必要があったからだ。この時、Feier（張燕平）が出て来てコメントを書き、「ハハ、とっても面白い」と言った。彼らと連絡する機会ができた。

8．二〇一〇年四月一四日、応旗は張憲平と北京市海淀区甘家口のマクドナルドで会った。三つの部の委員会（外経、全総、物資）がここから接触することになった。

9．二〇一〇年八月、『羅山条約』が人民文学出版社から出版された。

10．二〇一〇年一二月一〇日（金）、物資部の羅山幹部学校の劉育東、呉丹陽は、もとの物資部の裏口にある九頭鳥レストランの「五号会議室」で「五七大集会」第一回準備会議を主催した。会議に参加した者には、翟亜莎、呉丹陽、張燕平、郭麗、劉育東、張憲平、楊崴、応旗、王耀平などがいる。毛主席の「五七」指示を記念し昔の歳月を偲ぶため、会議の代表は一致して二〇一一年五月七日（土）に空前規模の集会を挙行することに同意した。このため、正式に準備組を成立することを決議した。

【二〇一一年五月七日聚会の会標】
毛主席の肖像の横の字は、毛主席の批示
「広大幹部下放労働、這対幹部是一種重新学習的極好機会、除老・弱・病・残者外、都応這様做、在職幹部也応分批下放労働」
毛主席の肖像の下に書いてある文字は、
「紀念毛主席〃五七〃指示四十五周年
暨首届羅山〃五七〃小戦士大聚会」

11. 二〇一一年五月七日、物資部機関の食堂で第一回羅山「五七」小戦士大集会が招集された。楊崴が第一機械部を代表して集会に参加した。会議の規模は百五十人を超えた。

12. この日の午後、湖北向陽湖文化部「五七」幹部学校の「向陽湖文化研究会」会長である李城外[8]は、時に咸寧市委宣伝部部長で、咸寧市委党校常務副校長でもあったが、王耀平と翟亜莎それぞれに電話をかけてお祝いを伝えた。

13. 一週間後、寧夏石嘴山市国務院直属の「五七」幹部学校博物館の丁兆林[9]主任が北京に来て、私たちとの間に関係ができた。

14. 二〇一一年九月一四日、中国西北部地区へ行く途中（黄河べり）で、王耀平は黄暁敏が羅山に関して書いたフランス語の小説《玉山》があることを知った。直ちにブログに次のように載せた。:「《**La montagne de Jade**》（直訳すると、玉山、あるいは翡翠山だが、実は羅山のことである）は二〇〇三年フランスで出版された回想風の小説で、中国の羅山「五七」幹部学校の子供のことを述べている。作者は **Xiaomin Giafferri-Huang**（黄暁敏、羅山全国総工会「五七」幹部学校の子弟）である。この本の最初のページには「羅山の友に捧げる」という題辞がある。二〇〇四年、中仏文化年パリブックサロンに招待されて参加した。二〇〇八年、「袖珍版」が再版された。この本はフランスの新聞、雑誌、テレビなどで報道紹介された」

15．二〇一一年九月二〇日、王耀平は寧夏石嘴山市に行き、石嘴山の元の人民代表大会主任の劉尚文及び文化局局長の温福安、そして丁兆林主任（石嘴山市人民代表大会民族宗教外交事務工作委員会主任）などを訪問した。

16．二〇一一年一一月、王耀平は湖北咸寧文化部「五七」幹部学校に行ったが、その間、李城外会長などと何度も連絡を取り合った。王耀平は曽て「中国五七幹部学校研究センター」という旗を新疆ロブノールの湖心まで持って行ったことがある。

17．二〇一二年九月、王耀平は黒龍江省柳河の「五七」幹部学校に行った。

18．二〇一二年一〇月一四日、王耀平は羅山県のもとの文連副主席で詩人の方偉[10]氏（濯纓軒主人）がブログの中で「『羅山条約』読後」を書いているのを読んだ。これ以後方偉氏と知り合いになった。

19．二〇一二年一一月末、組織委員会の翟亜莎などの委託により、王耀平は信陽に行き旅行社と連絡し、二〇一三年五月七日に羅山を再訪することにした。

20．二〇一二年一二月三日、王耀平は南水北調政策[11]中央線の起点となる南陽丹江口ダムの陶岔村から羅山に着いた。羅山浉河の旧橋――「不死身の橋」を撮影した。

21．二〇一二年一二月四日昼、羅山県委許書記、政協江主席[12]などが王耀平と会見する。席上、王耀平は羅山訪問を準備していることを告げると、許書記は歓迎の意を表した。

22．二〇一二年末、王耀平は組織委員会の翟亜莎などに羅山に戻る計画（草案）を手渡す。

23.二〇一三年三月末、翟亜沙は羅山に戻る準備会議を招集した。謝君[13]、胡蘭などが準備組に全国総工会を代表して参加し、黄華明は裏方に退いた。

24.二〇一三年五月三日、ついに本決まりになり、翟亜莎や王耀平は期日より先に信陽及び羅山に到着した。

25.二〇一三年五月四日、次々に八十余名の当時「五七」小戦士であった者たちが羅山に戻って来た。

26.二〇一三年五月五日午後、方偉、王偉などが羅山の関係方面を代表して、羅山に戻って来た「五七」小戦士たちを羅山浉河大橋にて迎えた。当日、彼らは羅山の昔の町の十字路の東側の羅山賓館（もとの県委の招待所）に泊まった。

27.二〇一三年五月七日、羅山賓館二階のレストランで「毛主席五七指示発表四十七周年記念及び五七小戦士大集会」を挙行した。参加者は百四十余名であった。

二〇一三年五月

---

1 「劉熠輝（りゅう・ゆうき）」については、第一一篇の一四八頁の写真を参照されたい。

2 「応旗（おう・き）」については、第三篇の二五頁の写真、及び第一一篇の一四八頁の写真を参照されたい。

3 「王偉（おう・い）」については、第一六篇を参照されたい。

4 「曹発平」（そう・はつへい）については、第一一篇、及び一四七頁の写真を参照されたい。

5 「黄華明（こう・かめい）」については、第一一篇の付録一、及び一四八頁の写真を参照されたい。

6 「何兵役（か・へいやく）」については、第一一篇の一四八頁の写真を参照されたい。

7 「宋争鳴（そう・そうめい）」は、第一一篇の一四八頁の写真を撮った人物。

8 「李城外（り・じょうがい）」については、第一三篇を参照されたい。

9 「丁兆林（てい・ちょうりん）」については、第一四篇を参照されたい。

10 「方偉（ほう・い）」については、第一五篇を参照されたい。

11 「南水北調政策」は、南方の水を北方に送り慢性的な水不足を解消するプロジェクト。一九五二年に毛沢東は「南方水多、北方水少、如可能、借点水来也是可以的」と構想を発表。二〇〇二年、当時の総理・朱鎔基によって着工。東線、中線、西線の三つがあり、中線は漢江の丹江口のダムより取水して北京、天津へ通水する。二〇一三年一二月に正式に通水する。

12 「江（こう）主席」は、上巻の「序言」を書いている江力のこと。上巻の「序言」を参照されたい。

13 「謝君（しゃ・くん）」は、上巻の「この本の作成にあたって」によれば、二〇一八年一一月に亡くなっている。全国総工会の「五七」小戦士であった

第二〇篇　巻末詩・『回想の羅山』出版を祝う[1]

李城外

夢を彷徨いながら、何を回想しているのか？
都に身を置きながら回想するのは、羅山のこと。
ならず者に同情し、ケンカを仕掛けたのは誰だったろう、
いまもなお農村を懐かしみ、楽園を探し求めている。
あの頃は母の苦しみを知らずにいたが、
今では父の痛みも理解している。
対外経済貿易部の多才の子息たち、
史官[2]を慰めるのは、幹部学校の名残り。

1　原文は、七言律詩である。
2　「史官」は、古代、史実を記録する官の名前である。歴史を編集する役人のこと。

あとがき一　王耀平氏と『回想の羅山』について

王耀平氏のこと

一年前の六月二九日、私はこの本の編集者である王耀平氏ご夫妻に初めてお会いした。この本でも触れられている王耀平氏の小説『羅山条約』の翻訳者のひとりとして、萩野脩二先生、鎌田純子先生とともに二日間ご夫妻を京都にご案内した。その時、王耀平氏から私たちに渡されたのがこの『回想の羅山』だった。

二日間の王耀平氏との交流は私に深い印象を残した。お会いする前私はとても気後れしていた。『羅山条約』の作家に何を話せばいいのだろう。ましてや拙い中国語で何が話せるだろうかと。堂々たる体躯に短い髪、ラフなＴシャツ、短パン姿の氏を前に、私は一層緊張して固くなっていた。けれども、清水寺、祇園、金閣寺など京都の名所を一緒に巡るうちに氏の人懐っこく話好きで、しかも繊細な人柄に触れ、私の気持ちはいつの間にかほぐれていった。

王耀平氏は気づかいの細やかな方で、中国語がよく聞き取れずぽかんとしている私に、「自分の中国語は北京なまりだからね。これはどう言えばいいのかな」と奥様に聞かれ、やさしい中国語に言い直してくださる。杖をついて案内する萩野先生のお体をずっと気遣われ、先生の荷物を持ち、席を譲られる。お客様なのにと恐縮してしまった。たまたま一緒にバスに乗り合わせた体の不自由な少女がステップを下りるときには、少女のことを気にかけ、ご自身の大きな体を縮めるようにして、心配そうに見守っておられる……。

京都に到着してすぐ羅城門跡を訪れたと言われたので、私は意外に思い、わけをおたずねした。王耀平氏の答えはこうだった。「自分は芥川龍之介の短編がとても好きで、映画『羅生門』も見ています。それで羅城門跡に行ってみたいと思ったんです。実は僕の小説『羅山条約』は芥川龍之介の手法を借りているんですよ。内緒ですが……」。そうだったのか。文革の時代の、「五七」幹部学校の生活を正しく伝えようとするには、だれか一人の語りでは不十分で、芥川の『藪の中』のように多角的な視点で語ることが必要だ。そう考えて、十数人のインタビューをまとめるという手法であの『羅山条約』を書かれたのか。私はとても納得がいった。

『回想の羅山』について

王耀平氏から頂いたこの『回想の羅山』という本は、小説ではなく、羅山の「五七」幹部学校で同じ時を過ごした人々の回想をまとめたものである。羅山の地図や当時の古い写真もたくさん掲載されていて、とても興味をひかれた。私はすぐにこの本を読んでみたいと思った。理由の一つは、『羅山条約』の背景となった羅山「五七」幹部学校の事実が詳しくわかると思ったからだ。そしてもう一つの理由は、来日の際素顔に触れた王耀平氏のことをもっと知りたいと思ったからである。だから萩野先生からこの本をまた一緒に翻訳し出版しようというお話を頂いたとき、私は本当にうれしかった。

繰り返しになるが、この『回想の羅山』は小説ではない。河南省の羅山という所にあった対外経済連絡部の「五七」幹部学校で数年を過ごした人々の回想を集めたものである。著者の中には、五七戦士と呼ばれた当時活動の中心だった人たちと、五七小戦士と呼ばれた当時子供だった人たちの二世代が含まれている。またその中間の世代、つまり当時知識青年と呼ばれた人たちの回想もある。まとまった回想録もあれば、断片的な覚え書きや聞き書きもある。それらがほぼ世代順に配置されているので、順に読んでいくと、羅山の「五七」幹部学校が作られていった過程がよくわかる。またそれぞれが独自の立場で書いているので、そこでの暮らしぶりや感じ方を、多角的に知ることもできる。

当時子供だった五七小戦士たちは、王耀平氏を中心に四十数年を経て連絡を取り合い、再び羅山に集まり集会を持ったそうだ。下巻の後半は、二〇一三年に開催されたこの集会と、集会開催に至るいきさつが述べられている。さらに若い世代の研究者の論文も収められていて、この本を単なる回想録に終わらせず、「五七」幹部学校の問題を現代に引き継いでいきたいと考える編集者王耀平氏の姿勢がよく表れている。

回想録を書くということ

下巻第二篇劉承華著『工場の食堂の記憶』の中に次のような一文がある。

「年を取れば取るほど、人生を振り返るのが楽しみとなってきました。私はいつもこう思うのです。いつの日か、記憶が曖昧模糊としてきちんと思い出されなくなり、正常に思い出されなくなったとしても、歳月の破片は依然として脳の中に点々とちりばめられ、ある時は雲のように集まり、またある時は雨のように流れ出るのではないでしょうか。」

人の記憶とは正にそういうものだろう。それは全く個人的で、断片的で、順序だっていない。けれどそれは結晶のようなもので、個人にとっての真実なのである。

この文章を書いた劉承華氏と私は同年である。私も今、個人の記憶を書き残すことの重要性を切実に感じ始めている。人の寿命は延び、情報を手に入れる手段も格段に進歩した現代ではあるが、果たして生身の個人の記憶は、次の世代に確実に伝えられているのだろうか。

振り返ってみると私たちの親世代はすでにもうほとんどこの世にいない。日本の、昭和という激動の時代に生きた父や母たちが、何を考え、何に喜び、何に悲しんでいたのか、たった二つの世代間でも、そして親子という親密な関係にあっても、その記憶をきちんと受け継いでこなかったことに愕然とする。個人の記憶は一旦失われてしまえば、もう永遠に取り戻すことはできない。そのような過去の個人の記憶は何物にも替え難い大事なものだ。書き綴られた記憶の結晶を読むことでしか、後の人々はその時代を、そしてそこで生きた、血肉を持った人間のことを理解することができない。ここに回想録を書く意味がある。

かつて五七戦士だった人々のほとんどは、すでにもうこの世にいない。還暦を過ぎたかつての五七小戦士たちもいずれはいなくなるだろう。そうすれば「五七」幹部学校の記憶は途切れてしまう。今この時にこの回想録がまとめられたことは大変意味のあることだ。この本をまとめるために王耀平氏は大きな苦労を払われたようだ。特に、すでに高齢あるいは亡くなられたかつての五七戦士の人々の回想を集めるのは、非常に困難だったはずだ。ここに収められた断片的な聞き書きさえ、本当に貴重なものだと思う。個人の記憶はばらばらであっていい。そこから時代の動きをつかみ評価することは、後の時代の人々に任せればいいのだから。

『回想の羅山』から思うこと

地図や写真を見ながら、この本に収められた十数編の回想を読んでいるうちに、私はまるで自分がこの羅山の「五七」幹部学校にいたことがあり、そこに住んでいる人たちとも前から知り合いだったような不思議な気持ちになっていった。

この四合院の建物は元監獄だったところ。そこが宿舎と小学校になった。小学校の机はレンガの上に板を掛け渡しただけ、椅子は各自が持ってきた。冬には寒くて、先生の眉毛には霜が付き、子供たちも白い息を吐いていた。ここは顔を洗ったり、洗濯をした池。そしてこちらは飲み水専用の池。「五台山の和尚」というあだ名のあった髪をつるつるに剃った程飛氏は、飲み水を確保するために井戸掘り作業を指揮したのだ。子供たちが泳いだ池もある。ここが牛小屋。汪道涵氏と譚偉氏は二十頭あまりの牛を飼育しながら、辛い日々を送っていたところだ。ここが五七大道。幹部学校の大通りだ。そしてここが幹部学校から羅山の町へつながる道。途中に小さな集落があり、ちょっと怖い墓場もあるが、子供だった段小鷹氏や呂争鳴氏は町の市場での買い物を楽しみにこの道を歩いたのだ。揚げパンを買おうか、卵を買おうか。市場では鯉やスッポンも売っていた。ここが一番近い十里塘村。段小鷹氏はここの小学校に通っていたのだ。運動場で踊りの練習をしていたら、王耀平氏たち五七小学校の子供たちに冷やかされたことがあった……。こんな風に私の頭の中の地図と物語はどんどん膨らんでいった。

さて、「五七」幹部学校とは、毛沢東の「五七」指示により、労働を通して幹部たちが新たに学び直す場として作られた場所だった。だから五七戦士たちはそこで農作業をし、家畜を飼い、様々な肉体労働を行なった。慣れないそのような労働は当然彼らを肉体的に苦しめた。けれどもそれ以上に人々を追い詰めたのが、派閥闘争であり、批判闘争だった。自分が批判されないためには、他人を告発しなければならなかった。人が人を密告し、互いに疑心暗鬼に陥っているような重苦しい空気は、何の憂いもなさせうに見える子供たちの生活の中にも流れ込んでいた。五七小戦士の何人もが回想の中でそのことに触れている。王耀平氏は同じ部屋の張おじさんの独り言を密告し、そのために張おじさんが批判されることになったいきさつを告白している。朱勇氏は老幹部の一人が宿舎で自殺した現場をこわごわ見に行った時のことを語っている。また段小鷹氏も、よく知っているおじさん、おばさんが突然「五一六」分子にされ、罪人のように隊列を組んで食堂に食事をとりに行かされている姿を目撃し、いつ誰のもとにそのような災難が降ってくるかわからない不安を感じたと述べている。一夜にして冤罪が作られていく過程や、批判、攻撃の激しさについては、郭震遠氏が体験者として回想の中で生々しく語っている。

「五七」幹部学校の功罪についてはこれからもっと研究される必要がある。王耀平氏はこの日本語版『回想の羅山』の序文の中で、「毛沢東が文革を発動し」たこと、知識人や、幹部たちに「強度の労働、肉体の苦痛、生命の危険を与えることによっていわゆる教育なるものを受けさせ」、それによって「官僚主義と政権の腐敗に反対」しようとしたことは「間違いだった」と批判している。

五七戦士たちは、日常生活の不自由さや日々の肉体労働にはよく耐えていた。彼らの心の支えとなっていたものは、知識人としての誇りだったのだと私は思う。牛小屋で牛飼いをさせられていた汪道涵氏たちは、辛い肉体作業に苦労していたが、それでも自分たちの知識を使い、水汲みのための装置を作ったり、牛に排泄の訓練を施したりしている。この努力と工夫を惜しまない姿に、私は彼らの知識人としての自負を見る思いがした。

けれども五七戦士たちが最も耐えられなかったのは、非人間的な派閥闘争だった。王耀平氏の母である于笑蘭氏は、心ならずも「五一六」分子を摘発する専案組の責任者にさせられたことがあった。そのことは彼女にとって苦しい思い出だったのだろう。一度羅山にもどってみようと言う息子の誘いに「私は羅山に戻ろうなどと思わない」、羅山に対する思いは「息子の感覚とはまるで違う。」ときっぱり断っている。五七戦士たちの心に残る傷跡の深さを見るような言葉である。

去年京都を案内していた時、王耀平氏は「母は歳で膝が悪いので、自分は世話をするために母親の家に通っている」とおっしゃっていた。その時私は、何気なくその話を聞き流していた。けれどこの本を読み終わった今、私はその時の言葉の奥にあった深い意味まで感じ取ることができる。

松尾むつ子

あとがき二　解説に代えて

この本（『回望羅山——「五七」幹校的記憶（外経篇）』）は、二〇一九年六月二九日に、編集代表者の王耀平氏と京都で会った時に、彼から頂いたものである。彼はご夫婦で、ある観光団の一員として京都に立ち寄った。私は初めての顔合わせであったが、一見してすぐ懐かしい思いで会い、話すことができた。それというのも、二〇一七年に彼の小説『羅山条約』を訳していたからである。それ故、この本の題名を見た時から、私は小説の裏付けとなる貴重な実録が書かれていると思い、すぐさま翻訳を申し出た。彼は編集者の代表として快諾し、他の作者たちから版権を譲る労を取ってくれた。残念なことに一篇だけは作者たちの都合で版権が取れなかったので、ここには訳出していない。また、紙幅の都合によって削除した篇もあり、地図や写真は貴重であるが、このままでは粒子が粗くて採用できないというものもあった。したがって原著にある三十九篇のうち三十五篇が、ここには訳出されている。

【原著の表紙】

この本は、一般に市販されている本ではない。かと言って内部資料というわけでもない。暴露本でもない。研究資料ということであるが、言ってみれば、自費出版である。もちろん中国のことであるから検閲は受けている。市販されるような本ではなく、自分たちの力で研究資料集として出版したところに、この本に掛ける編集者たちの並々ならぬ意気込みを感じることができよう。それがこの本の第一の特徴である。

先の小説『羅山条約』にせよ、今回の研究資料集『回想の羅山』にせよ、羅山とはなにか？　それは河南省北部の県名なのであるが、それだけではなく、羅山に創設された「五七」幹部学校を象徴する言葉であり、延いては「文化大革命」を象徴する言葉である。

「五七」幹部学校とはなにか？　それは一九六六年五月七日、毛沢東主席の指示から始まる。指示は、林彪副主席兼国防部長が送った人民解放軍後勤部の報告「部隊の農業副業生産を更に一歩進めてうまくやることに関する報告」に対する毛沢東の返事であり、それを「五七」指示という。この「五七」指示の中で毛沢東は、全国の各行各業のすべての単位が軍隊のような「一つの大学校」になることを要求していた。そして、この「大学校」では軍隊、労働者、農民、知識分子及び商業、サービス業、党政機関で働く人員がみな政治を学び軍事を学び、文化を学ぶこと、また農業や副業生産に従事出来、中小工場を行ない、自身の必要な若干の製品と国家と等価交換できる製品を生産でき、また大衆工作に従事出来、随時に資産階級を批判する文化革命闘争に参加できることが求められていた。

このことを実行に移したのが一九六八年五月七日に発表された、黒龍江省慶安県柳河の「五七」幹部学校である。この実験に対して、毛沢東がまた指示を出し、それが一〇月五日『人民日報』に発表された。「広範な幹部が下放労働すること、これは幹部に対する新たな学習の絶好の機会である。老弱病残の者以外は、当然すべきことである。在職の幹部は区分けして下放労働すべきである」。そして一四日に発表された『人民日報』の「魂の深いところからの一大革命――柳河「五七」幹部学校創設の基本的体験」の記事以来、全国に「五七」幹部学校が広まったのである。

こうして、中央の役所の人員が地方の農村へ思想改造のために下放されたが、この人選にあたっては、派閥の配慮がなかったわけではなかった。いわゆる造反派といわれる文革推進派の人たちが中央に残り、他の一般の人たちと過去の経歴に問題のあるとされた者やそのうちでも権威ある者である「牛鬼蛇神」たちが下放されたのである。但し、そういう構造であることに気付くのはのちのことであって、毛沢東の指示があった当初は、ほとんどの人が純粋に自己改造を受け入れ、自己の再生をきたそうと覚悟を以て、見たことも聞いたこともない土地に下放し、新たな人生を始めたのである（上巻第一篇、第二篇など）。数として何十万にも百万人にも達する人の移動が行なわれた（中央ばかりでなく、地方政府の役人も下放した）ので、文化大革命の実態の一面を、この「五七」幹部学校が担っているのである。

もう一度言おう。文化大革命は「五七」幹部学校がその実態となっている。いわゆる官僚が主体であるが、ごく普通の都会人であり、生活人が、言われてみればインテりの人たちが、資産階級でブルジョア的な思考をしていると批判され、自らの生を最初からやり直そうとしたというのが、私の描く構造である。個々の人を見れば皆いじましく拙劣に再生しているが、その様子がこの本の随所に書かれている。彼らは誠実であり、与えられた目標に真剣であった。そういう生活によって一つの時期、一つの社会を支えたのである。だからこそ、互いの生への干渉と共感がこの本には率直に表わされている。

また、この本には数多くの理不尽な行為や、組織の持つ弊害が書かれているが、それは組織の持つ支配と被支配の構造や、複数の人が集まれば派閥が生じる構造によるとも言える。随所に書かれている「五一六」分子摘発の運動などにそのことが顕著である。これらは組織の持つ必然的な弊害なのかもしれない。でも、私は思う。どうしてこういう組織に人は捕らわれるのか？と。軍隊組織に反対すればよいのか。中には喜んでこの組織に跳び込む人もいる。地震、津波、集中豪雨、台風、新型コロナウイルス禍など、一人の力ではどうすることもできない大きなものに対して、人は対処する時、どうやら組織化されざるを得ないようだ。曽ての戦争がそうであった。その組織化に抵抗したり批判したりすることは、非国民として排除されたではないか。

組織そのものが良いか悪いかは、人それぞれの体験によって異なること当然のことだ。「五七」幹部学校と組織されたものが良かったのか悪かったのか、その追求がこの本には書かれている。もちろん当初は抵抗も批判もする余地はなかった。毛沢東の指示に従うほかの道はなかった。時の毛沢東の目標は、つまり文化大革命の目標は、都市と農村の差別、工業と農業の差別、頭脳労働者と肉体労働者の差別といういわゆる三大差別の解消であった。文化大革命が権力争いであったという側面を、今は除外して考えよう。なぜなら、そのことは一般の人民には見えてなかったことであるから。彼らは特に官僚主義批判として、農村へ下放し、肉体労働をすることが自己改造すなわち自己解放の道だと信じていたのである。

このことが書かれているのがこの本である。随所に書かれている肉体労働の辛さ、また都会育ちの彼らと農村の人びととのあからさまな差異などが極めて顕著に読者に伝わるであろう。さらに言えば、そのことをより真実として伝える手段となるのが、親子二代の者たちによる各自の体験である。「五七」戦士と「五七」小戦士の体験、実体験がこの本には書かれている。都合により親の世代の「五七」戦士の体験を上巻に、子供世代の「五七」小戦士の体験は下巻に訳出したが、親世代と子供世代という二重の目から見る「五七」幹部学校は、一層のリアリティを持つことになるではないか。このことは、この本の持つもう一つの特徴である。

そもそもこの本の成立は、「五七」幹部学校創設後四十五周年を期して成り立ったものである。二〇一三年五月七日、彼らは羅山に集まった。彼ら「五七」小戦士たちも還暦を迎える歳になっていた。彼らの胸に去来する「五七」幹部学校は、もはやほとんど崩壊し姿を変えていた。建物は崩壊し、自然さえ現代化したビルによって姿を変えている。残るは胸に残る子供の頃の思い出だけである。思い出は、今、彼らに何をもたらすのか。思い出は人にノスタルジアの甘い酔いをもたらすが、一時のうつつが過ぎれば、そこまでのことで終わる。でも、思い出を冷静に受け止め、分析して書き留めておこうとする者もいる。思い出から当時の情勢を分析して、そこに生じた事柄を事実として人に伝えたいとするのは、人の持つもう一つの姿かもしれない。思い出が定着したものを人は記憶という。人類の歴史とは、個々の記憶の集積だともいえるのではないか。だから、記憶を整理し集め、自ら体験した事柄を他者に訴えようとするのは必然的に起こる行為であろう。思い出が時間の流れによって空漠となる前に、「五七」幹部学校というものが存在し、そこでかなりの人が生活したという事実を伝えたいという意欲が湧いたのが、王耀平氏たちこの本の編集者たちであった。

したがって、編集者特にその代表者である王耀平氏の目は、曽て行なわれた「五七」幹部学校を通じて背後にあった文化大革命を意識している。単に「五七」幹部学校の実態を記述しているだけではない。客観的な態度で再評価することになっているから、当然批判的な目も存在する。文化大革命を主導した最高権力者である毛沢東も批判の俎上に載せざるを得ない。上巻の日本語版の序にあたる「このような観点から「五七」幹部学校の歴史を見てみたい」にそれが色濃く出ていることに注意していただきたい。

毛沢東の経済政策は、格差解消のために小農経済を中心とした牧歌的なマルチ農業であった。中華人民共和国になっての一九四九年から十五年、二十年と経っても、信じられぬくらいの貧困にあえいでいる農村の実態は、上からの大衆運動である文化大革命では解消できなかった。現在でも都市と農村の格差が解消されたわけではないけれど、農村の経済的富裕がなければ、格差解消などありえないということがわかっている。毛沢東の失敗である。この思い切った観点が、この本の最大の特徴である。

更に言うならば、文化大革命が失敗であったという認識は、他者である権力者の是非に責任があるばかりではなく、自らの対応にも責務があるとする見解にも達しよう。自分たちの利害にとらわれた対応にこそ権力が付け入るスキを作ったのであるという自己責任の反省も、この本では伺われる。

この一見無味乾燥な研究資料集が持つ魅力は、以上の何点かの特徴によって、意義深いものとなっている。

なお、この本は小説ではない。体験の回想である。淡々と語られる異常な時代（文化大革命）の異常な生活（五七幹部学校）は、それだけでも私たちの胸を打つ。一つだけ例を挙げよう。馬征の思い出だ(下巻第九篇)。親が「五一六」分子の嫌疑で査問会議に掛けられる。これがもう異常だ。異常な社会だからこその事件だ。子供は、親を批判する壁新聞（大字報）が林立する場所でかくれんぼうの遊びに熱中する。これまた異常なことではないか。こういう異常な社会にあって、親は必死になって自分の正義を信じて批判に抵抗する。圧力に屈せず自己の非を認めない。ここにも異常なことが首を出している。親はいたずらな子供を、思いっ切り引っぱたいて叱る。子供は親に叱られて、腹いせに親と一線を画し（造反）、子供たちの「英雄」となる。だが、一人暮らしをしていた或る日、子供は井戸の水汲みが出来ず、たまたま通りがかった母親に、「家に戻って来てほしい」と泣きすがる。その日の夜、母親が非を認めたという放送が大きく「五七」幹部学校に流れた。親は子のために節を曲げたのである。

読者は、以上の思い出話から、子供の孤独、恐怖や反抗期の姿に、また親の愛情の発露に感じ入るであろう。こうしてみれば、異常な社会における異常な事件も、実は、極めて普遍的な子供の鬱屈と反抗が、また親の子に対する切ない愛情が語られていることがわかろう。ここに語られている思い出は、ごく平凡で当たり前な人の姿なのだと言ってもよかろう。古今東西どこにでもある、まっとうな生活、真実の人生がここでは語られているのである。時代に誠実に必死に生きる過程には、多くの複雑な事象があるものなのである。

最後に、この本の出版に力を貸してくれた朋友書店の土江洋宇社長と石坪満氏に、特別な援助を頂いたお礼の言葉を述べて、終わりとしよう。

二〇二〇年四月一七日　萩野脩二

編者代表と訳者紹介及び翻訳分担

王耀平（おう・ようへい）

北京作家協会会員、中国互連網新聞センター契約撮影師。

一九五八年五月遼寧省安東市（現在、丹東市）に生れる。漢族。六五年父母の都合で北京に移る。六九年一一月母が勤める対外経済委員会に従って河南省羅山五七幹部学校に行き、小学校及び中学校に上がる。七二年北京に戻る。七六年一月高級中学校を卒業するも、失職。七七年末から北京の機械修理工場で働く。八五年対外経済貿易部の計算機センターで十年働く。二〇一〇年八月長編小説『羅山条約』を人民出版社から出版。旅行を好み、愛車「蝸牛号」に乗って中国全土二四万キロを走破した。現在、商務部国際貿易合作研究院を退職中。

【王耀平の肖像】

鎌田純子（かまだ・じゅんこ）
大阪府出身。二〇〇四年関西大学博士後期課程修了。〇七年九月三〇日博士号取得（関西大学文学）。学位論文「張愛玲と思想——五〇年代を中心に」。共訳に『羅山条約』などがある。
（翻訳分担）下巻第一篇「劉承華」から第五篇「王家驄」までと、第七篇「朱勇」から第一二篇「劉軍」まで。

山田多佳子（やまだ・たかこ）
一九八九年関西大学文学部中国文学科卒業。二〇〇八年同大学大学院修士課程修了。共訳に『沈従文と家族たちの手紙』、『羅山条約』など。
（翻訳分担）下巻第一三篇「李城外」から第二〇篇「巻末詩・李城外」まで。

松尾むつ子（まつお・むつこ）
二〇〇八年京都外国語大学中国語学科卒業。一三年関西大学大学院文学研究科博士課程後期課程単位修得。共訳に『羅山条約』など。
（翻訳分担）「この本の作成にあたって」から「序言」までと、上巻第一篇「程紹義」から第七篇「黄美嫻」まで。及び、全文の翻訳見直し。

萩野脩二（はぎの・しゅうじ）

一九四一年四月東京都に生れる。一九六〇年四月京都大学文学部入学。一九七〇年京都大学大学院博士課程単位修得退学。九一年関西大学文学部教授。二〇一二年同大学名誉教授定年退職。著書に『中国〝新時期文学〟論考』、『増訂 中国文学の改革開放』、『謝冰心の研究』、『中国現代文学論考』など。共編に『原典 中国現代史 第五巻 思想・文学』など。共訳に『羅山条約』など。

（翻訳分担）序文「このような観点から「五七」幹部学校の歴史を見てみたい」、上巻第八篇「李鍵祥」から第一二篇「起源と足跡」まで。また、下巻第六篇「呂争鳴」と第一九篇「羅山行」。及び、全文の「文末注」。

回想の羅山 下巻　五七幹部学校の記憶（外経篇）

2020年9月9日　初版発行

王 耀 平 主編　鎌田純子・山田多佳子　松尾むつ子・萩野脩二 共訳

定価（2,700円＋税）

発行所 株式会社 朋友書店

〒606-8311 京都市左京区吉田神楽岡町8番地
Tel：075-761-1285／Fax：075-761-8150
フリーダイヤル：0120-761285
E-Mail：hoyu@hoyubook.co.jp

乱丁・落丁の場合はお取替えいたします
ISBN978-4-89281-187-6 C0022 ¥2700E